창업
공부

직장인
인생 반전
창업
프로젝트

창업공부
직장인
인생 반전
창업
프로젝트

이세진·김승동 지음

1판 1쇄 발행 | 2014. 9. 12.

발행처 | **Human & Books**
발행인 | 하응백
출판등록 | 2002년 6월 5일 제2002-113호
서울특별시 종로구 경운동 88 수운회관 1009호
기획 홍보부 | 02-6327-3535, 편집부 | 02-6327-3537, 팩시밀리 | 02-6327-5353
이메일 | hbooks@empal.com

값은 뒤표지에 있습니다.
ISBN 978-89-6078-183-2 03320

창업공부

직장인
인생 반전
창업
프로젝트

이세진·김승동 지음

Human & Books

C·O·N·T·E·N·T·S

| CHAPTER 03 | 경험담―21살부터 사업에 눈뜨다

| CHAPTER 04 | 창업 컨설팅 사례

창업을 시각화하면, 반드시 성공한다!
지금 당장 창업하라!

베이비부머의 은퇴와 맞물려 시니어 창업이 봇물 터지듯 줄을 잇고 있다. 취업난으로 청년 창업도 활기를 띠고 있다. 그러나 대부분은 철저한 준비를 마치고 창업하는 게 아니다. 일자리를 구할 수 없어 창업하는 생계형이 대부분이다. 창업시장은 전쟁터와 같다. 서로 이기기 위해 치열하게 경쟁한다. 철저하게 준비하지 않으면 성공하기 힘들다. 성공은커녕 소중한 창업자금만 잃어버리는 사람이 대부분이다. 준비가 부족하기 때문이다.

아니, 어쩌면 준비 부족은 다음 문제다. 어떻게 준비해야 하는지, 그 자체를 모르는 사람이 대부분이다. 준비를 하려면 준비하는 방법을 알아야 한다. 그러나 상당수의 창업자가 그저 창업자금만 있으면 창업에 성공한다고 생각한다. '돈이 있어야 돈을 번다'는 명제를 '돈만 있으면 돈을 번다'로 착각하는 것이다. 자본주의에서 돈이 있다는 것은 창업을 조금 더 쉽게 할 수 있다는 얘기에 불과하다. 충분한 자본은 성공의 필요충분조건이 아니다.

준비되지 않은 상태에서 창업하기 때문에 십중팔구는 실패한다. 아니 필패한다고 해도 과언이 아니다. 아무리 충분한 자본이 있어도 밑 빠진 독에 물 붓기다. 전략서의 고전인 《손자병법》에는 이런 말이 나온다.

"승리하는 군대는 먼저 이겨놓고 나중에 싸우며, 패배하는 군대는 먼저 싸우고 나중에 승리를 구한다."

창업도 마찬가지다. 창업 이전에 반드시 성공하는 방법을 모두 준비해야 한다. 그래도 실패 위험이 있다. 현실은 언제나 예상처럼 진행되지 않기 때문이다.

희소한 아이템이기 때문에 독점의 매력이 있을 것이라고 생각한 순간, 비슷한 아이템으로 창업하는 사람이 증가한다. 예를 들어, 10여 년 전 조개구이가 대히트였다. 그러자 골목 구석까지 조개구이 전문점이 들어섰다. 결국 자멸의 길을 걸었다. 5년 전 구운치킨은 별로 없었다. 그러나 이제 구운치킨도 한물 간 아이템이다. 3년 전만 해도 수제 햄버거는 희소성 있는 창업 아이템이었다. 그러나 지금은 특별하지 않다.

창업 아이템도 좋고 입지도 좋다. 그리고 다른 곳보다 비교우위도 있다. 그렇다 해도 실패 위험은 있다. 가령 사무실 밀집 지역에 유일하게 횟집을 창업했다. 다른 곳은 대부분 삼겹살 등 육류이거나 치킨집이라면 경쟁력이 있다. 게다가 눈에 잘 띄는 곳이라면 입지 선택도 성공적이다. 그러나 아무리 아이템과 입지 선택이 좋다고 해도 무조건 성공하는 것은 아니다. 지속적인 수입이 발생할 때까지, 즉 단골이 생길 때까지 버틸 수 있어야 한다. 짧게는 1년, 길게는 3년 순이익이 발생하지 않아도 지속적으로 좋은 맛과 서비스를 제공해야 한다. 그래야 단골이 생기고 진정으로 자리가 잡힌다. 이때부터 순수익이 급증한다. 돈이 돈을 벌어준다는 얘기가 통할 때는 이미 충분한 성공 조건들을 가지고 버틸 수 있을 때만 통하는 내용이다.

하지만 대부분의 창업자는 많지 않은 자금으로 시작한다는 점이 문제다. 그리고 투입할 수 있는 자본을 최대한 투입해 창업한다. 수익은커녕 손실을 보면서도 어느 정도의 기간을 버텨야 한다는 생각은 거의 하지 못한다.

이처럼 아직 준비되지 않은 상태에서 창업하기 때문에 실패하는 사람이 많다. 그러나 뜻이 있는 곳에 길이 있다. 준비 방법을 알고, 철저하게 준비한다면 청년 창업이든 시니어 창업이든 성공할 확률을 높일 수 있다.

수많은 창업자·창업예비자들과 상담하고 컨설팅한 결과, 대부분은 3년, 5년, 10년 미래의 모습을 구체적으로 계획하지 않은 채 막연한 희망으로 창업했다. 어떻게 해야 성공 창업을 할 수 있는가가 아닌, 어느 정도 수익이 생길 것인가에만 관심이 있을 뿐이었다.

반면 성공한 창업자들은 최소 3년 이후의 모습을 구체적으로 계획하고, 그 계획을 목표로 철저히 준비했다. 성공한 창업은 자본을 쏟아붓기 전에 아주 구체적인 계획을 세우고 출발했다는 공통점이 있다. 나는 학원·꽃 배달·음식점·한복전문점 등 10여 개의 업종을 창업했고, 성공했다. 그러나 실패한 창업도 있었다. 실패한 창업은 이전 노하우만 믿고 치밀한 계획을 세우지 않았다는 공통점이 있다.

이처럼 몇 번의 창업, 그리고 몇 번의 성공과 실패를 반복하면서 성공 창업에 대한 몇 가지를 깨달을 수 있었다. 그중 가장 중요한 것은 성공에 대한 철저한 계획을 세워야 한다는 점이다. 가장 쉽게 계획을 수립하는 방법은 미래에 자신이 희망하는 모습을 그림이나 사진으로 표현하는 것이다. 구체적인 이미지가 그려지기 때문에 더 확실한 계획을 세울 수 있다.

예를 들어 은퇴 후 음식점을 창업한다고 가정하자. 그럼 맨 처음 성공 희망과 함께 3년 후 완전히 자리를 잡고 성공한 모습을 그림으로 그린다. 그 다음 성공으로 가는 방법, 즉 마케팅을 하는 자신의 모습, 직원을 관리하는 모습, 음식 배달하는 모습, 경쟁력을 갖추기 위해 새로운 요리를 개발하는 모습 등을 그린다. 이런 그림을 그리면서 세부적인 계획을 수립할 수 있다.

이렇게 그린 그림을 자신의 지갑에 가지고 다니면서 혹은 책상에 붙여놓고 1개월에 한 번 정도 수정하면 된다. 무엇보다 중요한 것은 아주 세밀하고 구체적인 계획을 세워야 한다는 점이다. 그림을 통해 구체적으로 창업을 준비하고 성공 계획을 세우고 성공하는 방법을 알아보자. 그림을 통해 아주 구체적인 계획을 세운다면 성공 창업은 다른 사람의 이야기가 아니다. 그럼 이제 당장 창업 준비를 시작하자.

내 여건
업종선정
창업 자금은
사업성 분석
사업계획
사업장

CHAPTER 01

창업, 나도 할 수 있을까?

창업은 명사가 아닌
동사다

　　　　　　　　많은 사람들이 창업을 너무 쉽게 생각한다. 특히 아직 창업을 경험하지 않았지만, 막연히 창업을 동경하고 있는 사람들에게 이런 경향이 더 짙다. 아이템을 정하고 가게를 내고 상품을 팔기 시작하면 모든 것이 잘될 거라고 생각한다. 나는 실제로 20대 초반부터 몇몇 사업을 경험한 후, 창업 컨설턴트로 전향해 수많은 창업자와 예비창업자를 만났다. 이런 경험을 통해 창업에 대한 한 가지 확신이 생겼다. '창업이라는 단어는 명사가 아니라 동사라는 것이다.

　막연히 창업을 동경하고 있는 사람들은 개업하면 자연스럽게 성공할 것이라고 생각한다. 가장 중요한 것이 아이템과 입지 선정이라고 믿는다. 이 두 가지만 잘 선택하면 쉽게 성공할 수 있을 것이라 생각한다. 그러나 사실 개업 이후가 더 중요하다.

　창업박람회 등에서 만나는 예비창업자 90% 이상은 돈만 있으면 프랜차이즈나 입지 좋은 점포를 개업해 쉽게 상품을 팔 수 있을 것이라고 믿는다. 때문에 개업 이후 어떤 방식으로 사업을 꾸려 나갈 것이며, 확장할 것인지에 대한 생각은 거의 하지 않는다. 즉, 대부분의 예비

창업자들은 창업이 아닌 개업을 목표로 시작하는 것이다.

실제로 인천에서 짬뽕전문점을 개업한 분이 계셨다. 이분은 아이템과 입지 두 가지를 모두 어렵지 않게 잡을 수 있었다. 목이 좋은 곳과 확실한 아이템만 잡으면 자연스럽게 성공할 수 있을 것이라고 생각했다. 그러나 결론부터 말하면 철저한 실패로 끝났다.

창업 아이템은 해물짬뽕집을 인수하는 것이었다. 이렇게 들으면 특별한 것이 없다. 그러나 해물을 적당히 넣은 게 아니라 넘치도록 넣었다는 점이 달랐다. 특히 값 비싼 전복이나 꽃게도 통째로 들어가 있었다. 해물을 건져 먹는 동안 면이 불을 정도였다. 이처럼 해물을 잔뜩 넣은 짬뽕을 1만 원 정도의 가격에 내놨다. 가격은 일반 중국집보다 두 배 정도 비싼 셈이다. 너무 비싸서 누가 사먹겠느냐고 할 정도의 가격이다. 그러나 이 집은 항상 줄을 서서 기다려야만 맛을 볼 수 있을 정도로 성황이었다. 심지어 인터넷으로 '해물짬뽕 맛집'을 검색하면 가장 위에 떴다. 맛집 전문 블로거라면 반드시 추천하는 명소에도 올랐다. 주말에는 심지어 협소한 주차장으로 인해 대기하는 차량이 많아 주변 도로가 막히기까지 했다.

그런데 무슨 이유에서인지 성공가도를 달리고 있던 이 해물짬뽕전문점은 아이템을 해물칼국수로 변경했다. 짬뽕이나 칼국수나 둘 다 해물로 육수를 낸 면 음식이라는 점은 동일하다. 때문에 해물칼국수도 곧 성공할 것이라고 자신했다. 먹어 본 결과 맛은 꽤 괜찮았다.

업종 변경 초기에는 사람들이 많이 찾아왔다. 이미 짬뽕 맛으로 정평이 나 있었기 때문이기도 하지만, 인터넷 등을 보고 입소문으로 찾아오는 사람들도 상당수였기 때문이다. 즉 입지는 그대로이며 아이템만 변경되었기 때문에, 아이템 변경에 대한 소식을 접하지 못한 사람들이 계속 찾아온 것이다. 그러나 짬뽕을 맛보러 온 사람들은 아이템 변경에 발길을 돌렸다. 아울러 검증되지 않은 칼국수에 1만 원의 가격을 부담하기는 쉽지 않았다. 짬뽕과 달리 칼국수는 집에서도 어렵지 않게 만들어 먹을 수 있는 음식이었기 때문이다. 또한 대부분의 고객이 해물짬뽕을 맛보기 위해 직접 차를 몰고 찾아온다는 점도 문제였다. 주변에 해물짬뽕을 대체할 수 있는 맛집은 없었지만, 차를 몰고 오는 사람들이 대부분이기 때문에 발길을 돌리는 것도 어렵지 않았다.

이런 이유들 때문에 해물칼국수는 철저하게 실패했다. 업종 변경이후 1년도 되지 않는 기간이었지만 더는 버틸 수 없어 원창업자는 점포를 내놨다. 그러자 개업하겠다고 부리나케 달려든 사람들이 많았다. 성공의 조건이 상당히 갖춰졌기 때문이다.

우선 입지다. 워낙 유명했던 맛집이기 때문에 아직도 찾아오는 사람들이 많았다. 주차장이 넓지는 않았지만 그래도 15대 이상 주차할 수 있었다. 게다가 큰 도로와 인접해 있는 곳이라 접근성이 좋다는 장점도 있었다.

두 번째는 이미 성공한 아이템이다. 푸짐하게 해물을 넣은 짬뽕이기 때문에 재료비가 많이 들어간다 해도 그만큼 가격이 저렴한 것은 아니었다. 아울러 가족 단위로 찾아오는 사람들이 대부분이기 때문에 주 메뉴인 짬뽕과 같은 식사는 물론 탕수육과 같은 고급 메뉴도 곧잘 판매되었다. 주류가 적게 팔려 테이블 회전도 빨랐다. 즉, 이윤이 적지 않았다.

세 번째는 입소문이다. 이미 인터넷 등에서 유명한 곳이기 때문에 월미도 등 인천이나 강화도에 나들이 나온 사람들이 많이 방문한다는 것이다. 주인이 바뀐다고 해도 아이템이 비슷하면 여전히 많은 사람들이 찾아온다.

한 창업자가 해물짬뽕에서 칼국수집으로 업종변경 한 이곳을 인수했다. 그리고 다시 해물짬뽕으로 업종변경 했다. 판매 상품도 비슷했다. 짬뽕이 주였고 탕수육이 그 다음이었다. 한마디로, 다시 처음으로 돌아가 장사가 잘되던 때를 그대로 복사한 것이다.

입지와 아이템이 확실하고 입소문도 나 있었기 때문에 인수 초기에는 많은 사람들이 찾아왔다. 예전의 명성을 되찾는 것처럼 보였다. 그러나 사람들이 찾아오는 것은 얼마 가지 않았다. 가격은 더 오르고 해물은 싸구려로 바뀌고 조미료 맛이 너무 많이 났다. 이런 짬뽕을 다른 곳보다 두 배 정도의 가격을 주고 두 번 이상 먹고 싶은 사람은 없었다. 특이 이미 이곳에서 맛있는 해물짬뽕을 먹어 본 사람들 즉, 예전 맛을 기억하고 있는 사람들은 철저하게 외면했다. 시간이 갈수록 단골들은 떨어져 나갔다.

현재는 항상 사람들로 북적이던 점심시간이나 주말에도 파리가 날리고 있다. 입지나 아이템이 아무리 좋고 입소문까지 나 있다고 해도 개업 이후를 생각하지 않으면 결코 성공할 수 없다. 음식점을 창업한다면 가장 중요한 것은 당연히 음식 맛이다. 개업 이후 사람들의 입맛을 어떻게 잡을 것인지를 고민했어야 한다. 창업은 명사가 아니다. 고정되어 있지 않다. 때문에 경쟁우위를 만들기 위해 계속해서 노력하지 않으면 결코 성공할 수 없다.

반면 입지도 아이템도 별로였지만 성공한 사람도 있다. 아니, 사실은 입지나 아이템이 특별하지 않지만 성공하는 사람들이 더 많다. 이처럼 성공하는 사람들은 창업만 생각하는 것이 아닌 창업 이후 최소 3년을 고려한다.

군대에서 제대하자마자 가락동 농수산물 시장에서 짐꾼을 시작한 후배가 있다. 가락동 농수산물 시장은 힘들기로 유명한 곳이다. 하는 일은 하루 종일 배추, 파, 호박 등이 담긴 박스를 뜯어 옮기는 일이 전부다. 악명 높은 택배 상차 일보다 더 힘든 곳이 시장의 단순 노동이다. 노동을 쏟는 것에 비해 벌이는 많지 않은 고된 일이다. 때문에 사실 이곳에서 일하는 분들은 대부분 40대가 넘는다. 다른 아르바이트를 할 수 없어 힘들지만 어쩔 수 없이 정착한 사람들이다.

하지만 그 후배는 젊은 패기로 일을 시작했다. 하루 종일 채소가 담긴 박스를 까서 한곳으로 차곡차곡 쌓는 일을 하는 날이 대부분이었다. 아침에는 괜찮았지만 두 시간 동안 같은 동작을 반복하면 허리가 끊어질 것처럼 아프기 시작한다.

사장이 배달을 시키면 수레를 끌고 배달도 나갔다. 혼자 끌기는 결코 쉬운 일이 아니었다. 호박처럼 무거운 채소는 적어도 100킬로그램은 넘었다. 게다가 낡은 수레였기 때문에 힘이 제대로 들어가지도 않았다. 그런데도 조금이라도 늦으면 험한 욕이 날아오기 일쑤였다.

가장 나이가 어리다는 이유로 같은 일을 하는 선배 아저씨들의 심부름까지 해야 했다. 정말 쉬는 시간이 조금도 없었다. 이처럼 힘든 일인데 버틴 이유는 좋은 채소를 보는 법을 익히기 위해서였다. 식당은 물론이며 동네 중형 슈퍼마켓에서 청과·야채 코너의 뛰어난 실력자는 대우가 매우 좋다. 모든 음식의 기본이 되는 1차 식품이 살아야 식당이든 슈퍼마켓이든 매출이 오른다. 목표가 있었기 때문에 채소를 옮기면서 종종 맛을 보았다. 배추와 같은 채소는 깨져 상품성이 없어진 것은 무조건 맛을 보았고, 파는 맵고 흙이 묻어 있어도 잘생긴 것들은 한 입 깨물어 봤다. 마늘도 껍질째로 한 입에 넣고 먹어보기 일쑤였다. 맛이 강하고 큰 육쪽마늘을 아침부터 먹고 하루 종일 배가 아파 고생하기도 했다. 이렇게 채소를 먹다가 사장에게 들키면 욕도 함께 먹었다. 그러나 그 후배를 버티게 한 것은 목표였다.

그렇게 약 2년을 시장에서 보냈고 20대 중반 중고 1톤 트럭을 한 대 마련할 수 있었다. 채소의 모양과 색깔만 봐도 상품성을 단박에 알 수 있는 실력이 됐을 때였다. 또한 이미 농산물시장의 사장들을 대부분 알고 있었기 때문에 어떤 곳이 제대로 된 상품을 판매하는지도 알고 있었다.

좋은 채소를 골라 막 개발 중이었던 오피스 밀집 지역 식당들을 찾아다녔다. 고층 건물은 많이 완공되었지만 아직 입주사들이 많지 않아 식당도 별로 없던 곳이다. 그 지역에 있는 모든 식당에 자신이 채소를 납품한다고 해도 수지타산이 맞지 않았다. 그러나 최소 1년 후에는 식당도 늘어나고 식당을 찾는 사람도 늘어날 것이라고 예상했다.

우선 준비한 채소와 명함을 가지고 하루가 멀다 하고 찾아가기를 반복했다. 처음에는 그저 비슷한 일을 하는 사람과 똑같은 취급을 당했다. 이미 거래하고 있는 곳이 있으니 필요 없다는 얘기를 듣는 것이 전부였다. 마진을 더 줄여 거래를 시작할 수도 있었지만 그러면 그 후배도 남는 것이 거의 없었다. 그저 좋은 채소를 가지고 미련하게 계속 방문했다. 사실 그 방법 말고는 떠오르는 것이 없었다고 했다.

그렇게 3개월 정도 지나자 드디어 한 곳이 계약을 하자고 했다. 계약의 이유는 성실함이었다. 3개월을 지켜봤고 하루도 빼먹지 않고 찾아왔으니 이후에도 채소가 필요할 때 언제든 찾아와 줄 것이라는 믿음이었다. 계약 후 1개월도 지나지 않아 평가가 달라졌다. 식당 주인은 채소를 볼 줄 몰라 아무것이나 썼다. 하지만 납품받는 채소로 바꾸자마자 손님들이 더 맛있어졌다는 얘기를 많이 했다. 결국 손님들도 더 늘었다.

손님이 늘자 경쟁하는 다른 식당들에도 소문이 퍼졌다. 결국 나중에는 후배에게 직접 찾아와서 거래를 하자고 하는 식당 주인도 생겼다. 또한 예상했던 것처럼 오피스 빌딩에 입주한 사무실도 많아졌고, 그에 맞춰 식당도 많아졌다. 그 지역의 60% 정도 되는 식당 채소는 모두 후배가 책임지게 된 것이다.

트럭을 사고 야채 납품을 시작한 지 5년도 지나지 않은 시점에 중형 슈퍼마켓 한 곳과 계약을 했다. 채소를 전량 납품하는 괜찮은 조건이었다. 이제 그 후배는 채소 배달을 하지 않는다. 새벽에 가락동으로 출근해 좋은 것을 선점한 후 배달을 지시할 뿐이다. 물론 수입은 대기업 임원이 부럽지 않을 수준이다. 이런 일이 불과 군대를 전역한 이후 8년 이내에 생긴 일이다.

많은 사람들이 창업이라는 단어는 명사라고 생각한다. 즉, 개업할 때까지만 생각하고 뛰어든다. 그러나 창업은 동사다. 끊임없이 움직여야 한다. 동사든 명사든 고생하는 것은 마찬가지다. 그러나 명사라고 생각하고 개업할 때까지만 생각하면, 고생은 고생대로 하면서 소중한 창업자금만 날린다.

창업으로 성공하려면 개업 이후를 생각해야 한다. 창업 이후부터 어떻게 움직여야 할지 고민해야 한다. 채소를 팔았던 후배는 맨 처음 좋은 채소를 고르는 법을 익힌다는 목표가 있었다. 그 목표를 위해 100만 원 남짓 월급을 받으며 고된 노동에 2년을 투자했다. 농약이 묻은 농산물을 욕과 함께 먹기를 수백 번도 더 했다. 중고 트럭을 산 이후에는 개발 초기의 오피스 지역을 찾았다. 채소 납품 경쟁이 상대적으로 덜 치열하며, 새로운 식당들을 거래처로 만들면 된다는 생각이었다. 수입이 없는 시기를 버티기 위해 바나나나 토마토를 아파트 단지 등에서 헐값에 팔았다. 예를 들어, 바나나 1송이 원가는 1500원에서 1700원 정도다. 이를 2000원에 팔았다. 한 송이당 400원 정도 남는다. 트럭 기름값이나 수리비를 쓰면 남는 게 하나도 없는 수준이다.

하지만 후배는 결국 성공했다. 아직 30살이 채 되지 않았지만 남부럽지 않은 수준이다. 사업체 사장이라고 해도 될 정도로 고정 매출도 늘었고 순수익도 괜찮다. 아이템은 물론 입지도 뛰어나지 않았다. 다만 돌과 같은 굳은 성실성이 무기였다. 그리고 자신의 상황을 판단해 끊임없이 전략을 바꿨다. 즉, 창업을 명사가 아닌 동사라고 생각하고, 끊임없이 계획하고 시도했다.

창업은 이처럼 해야 한다. 개업까지만 생각하는 것이 아닌 개업 이후에 어떻게 성공할 것인가에 대한 전략을 짜야 한다. 전략은 수시로 바뀔 수 있다. 그래야 성공에 가까워진다.

흔히 100세 시대라고 말한다. 평균수명이 100세가 되는 시대다. 그런데 정년은 60세가 고작이다. 실제로는 40대 중반이면 더 이상 회사를 다닐 수 없다.

이제 수성守城까지 고려해 창업을 해야 한다. 그래야 행복한 삶을 살 수 있다.

여전할 것인가?
역전할 것인가?

　　　　　　학창 시절 교과서를 통해서도 읽을 수 있었던 윤오영의 소설 〈방망이 깎던 노인〉은 장인정신에 대한 경의를 표하고 있다. 우선 내용부터 다시 한 번 상기해 보자.

　어느 날 한 젊은이가 방망이를 사기 위해 한 노인을 찾는다. 이미 방망이를 잘 깎는다고 소문이 자자하다. 그는 시장 한구석에서 방망이를 다듬고 있는 노인에게 다가가 자신이 원하는 방망이를 빨리 깎아줄 것을 재촉한다. 하지만 노인은 젊은이의 재촉에는 아랑곳하지 않고 묵묵히 방망이만 다듬고 있을 뿐이다. 젊은이가 보기에는 이미 완벽했기에 그냥 건네주고 물건값을 받아도 될 것 같아 보였지만, 노인은 꼼꼼히 부족한 곳이 없는지 살펴본다. 그런 후 정성스럽게 방망이를 깎아 너무 오래 걸린다며 투덜거리는 젊은이에게 건네준다. 젊은이는 그 노인의 느긋한 태도가 불만스러웠다. 그러나 집에 돌아간 후 그 방망이를 사용해 본 가족들은 불편한 데 하나 없이 정말 잘 깎은 방망이라고 말한다. 젊은이는 노인의 장인정신에 대해 새삼 깨닫고 감동한다.

　불과 얼마 전까지만 해도 우리는 장인정신이 매우 훌륭한 것이라고 배우며 살아왔다. 그러나 지금은 장인정신은 사라지고 그 자리를 대량생산이 차지하고 있다.

아담 스미스의 《국부론》 첫 장에서 기업이 이윤을 남기려면 장인에게 의지해서는 안 된다고 말하고 있다. 그리고 하나부터 열까지 전부 장인에게 의지했던 작업을 잘게 쪼개 세분해서 분업화해야 한다고 말한다. 작업을 이렇게 세분화해서 분업하게 되면 장인은 있을 필요가 없다. 장인 한 명이 하루에 하나 생산하던 방방이는 분업을 통해 10명이 하루에 100개를 생산할 수 있게 된다. 게다가 작업의 숙련도를 금방 높일 수 있기 때문에 대체할 수 있는 사람을 쉽게 구할 수 있다. 다시 말해 장인 한 명이 하던 일을 잘게 쪼개 여러 사람이 분업하게 되면 전문가는 필요 없어지며, 전문가가 필요 없기 때문에 낮은 임금으로 더 많은 제품을 생산할 수 있게 된다. 아울러 자본가는 같은 자본으로 더 높은 통제력을 얻을 수 있다. 즉, 자본가에게 유리한 방법이 바로 한 명의 장인이 했던 일을 불특정 다수가 공동으로 작업하게 만드는 일이다. 자본가의 통제력은 높아지며 통제력이 높아지기 때문에 영향력 또한 커진다.

지금 세상은 그렇게 흘러가고 있다. 요식업 프랜차이즈 사장이 원하는 주방장은 요리사가 아니다. 단지 매뉴얼대로 음식을 끓이고 굽고 익히는 일을 대신할 사람이다. 제조업 투자자가 원하는 것은 전문가가 아니라 기계의 효율성을 끌어올리는 사람, 고분고분 말 잘 듣고 파업을 하지 않으며 임금이 적어도 되는 사람이다. 게다가 불만이 있다고 했을 때 언제든 교체가 가능한 사람이다.

자본가가 더 좋아하는 사람은 불만이 있어도 표현할 힘이 없는 사람이다. 따라서 현실에 안주하는 자판기의 부품 같은 사람이다. 고장 나면 언제든 바꿀 수 있다. 저렴한 가격에 교환할 부품은 쌓였으며, 중고로 교환해도 문제가 발생하지 않는다. 이런 시스템이 계속된다면 사장은, 투자자는, 다시 말해 자본가들은 언제나 쉽게 돈을 벌 것이다. 반면 자판기의 부품이 된 사람들은 열심히 일해도 그 자리에 머물러 있거나 더욱 가난해질 수밖에 없다. 부정하지 말자. 이것이 현실이다.

대부분의 사람들은 시키는 대로 행동하고, 가르치는 대로 배우고, 규율을 어기지 않고 혼자서만 튀지 않으며, 조직에 융화될 것을 강요받는 그저 그런 시스템 속에서 살아왔다. 때문에 자본가들은 이런 사람들을 쉽게 고용하고 쉽게 내칠 수 있었다. 특히 IMF 시절 이후, 더욱 강화된 '고용시장 유연화'는 보통 사람들을 더욱 쉽게 교체 혹은 대체할 수 있도록 규정했다. 게다가 아웃소싱, 자동화, 기계화, 전산화 등은 이런 보통의 사람들을 더욱 궁지로 몰아넣는다. 기존 10명 혹은 100명이 해야 할 일을 더욱 저렴한 외부 인력이 대신하거나 기계가 척척 해낸다. 그들이 만든 규칙 속에서 생활한다면 그들이 만든 굴레를 벗어날 수 없는 구조다. 회사원으로, 직장인으로 일을 아무리 열심히 한다고 해도 부자가 되기는 쉽지 않다. 어쩌면 하루 24시간 내내 일만 해도 가난에서 벗어날 수 없을지도 모른다.

그렇다면 자판기 부품에서 벗어나 스스로 자판기를 설치하는 사람이 되기 위해서는 어떻게 해야 할까? 즉, 창업을 해서 자영업을 사업으로 키우고, 사업을 성장시켜 스스로 자본가가 되려면 어떻게 해야 할까?

명품은
불만족이 쌓인 결과

지금 회사원이라면 하고 있는 일에 얼마나 만족하고 있는가? 원하던 일을 하며, 원하던 직장에 다니고 있는가? 급여는 하고 있는 노력과 대비해 적당하다고 생각하는가?

아마 대부분은 지금 하고 있는 일과 직장에 그다지 만족하지 못할 것이다. 우리는 어렸을 때 대부분 지금 종사하고 있는 직업을 꿈꾸지 않았다. 더 보람 있고 더 명예로운 직업을 꿈꿨다. 판사나 변호사, 의사, 과학자, 운동선수, 연예인 등이다. 그러나 조금씩 나이가 들어가면서 꿈과 현실의 괴리를 깨닫고 조금씩 꿈을 접었을 것이다.

한 기업이 수백만 명의 사람에게 "당신은 직장에서 매일 자신이 가장 잘하는 일을 할 기회를 얻고 있습니까?"라는 질문을 던졌는데 이에 대한 답은 눈이 번쩍 뜨일 정도로 놀라웠다. 5명 중에 1명, 즉 단 20%만이 "그렇다"고 대답했기 때문이다. 다시 말해 80%의 사람들은 현재 하고 있는 일에 대해 만족하지 못하면서 그저 현실에 순응해 살고 있는 것이다.

최근 직장인들은 과거보다 더 많은 이직을 한다. 그리고 평생직장은 없다고 말한다. 심지어 한 회사에 너무 오랫동안 있는 것을 무능이라고 규정한다. 안정적인 직장이라는 개념은 이제 옛날이야기가 되었다. 때문에 해고당하지 않기 위해 혹은 더 나은 조건으로 이직하기 위해 언제나 스트레스를 받는다.

애사심 없이 출근하는 것은 어쩌면 당연하다. 회사가 나를 우대하지 않을 것이라는 점을 우리는 이미 알고 있다. 나보다 임금이 더 낮거나 일을 잘하는 사람이 있으면, 언제든 교체할 것을 알고 있다. 하지만 도망갈 곳은 없다. 숨을 곳도 없다. 대부분의 사람들이 그렇게 생각한다. 때문에 어쩔 수 없이 오늘도 이른 아침부터 만원 버스에 몸을 싣는 것이다.

그러나 위기는 기회라고 했다. 조금만 생각을 바꾸면 모든 것이 다르게 보인다. 새로운 풍경을 보기 위해서 굳이 유토피아를 찾아갈 필요는 없다. 새로운 풍경을 보기 위해서는 새로운 시선을 갖기만 하면 된다. 파랑새는 멀리 있지 않다. 스스로의 가슴속에 항상 존재하고 있다.

만약 현재 회사원이라면 조직에서 절대 대체하거나 교체할 수 없는 존재가 되어야 한다. 내가 생각하는 회사원의 유일한 장점은 회사의 돈으로 실패해 볼 수 있는 경험을 쌓는 것뿐이다. 창업 이후의 실패는 손실과 직결된다. 그러나 조직에 있을 때 실패는 큰 타격이 없다. 따라서 회사원일 때 최대한 실패를 해봐야 한다. 창업을 고려하고 있다면 고객이 입소문을 듣고 스스로 찾아올 수 있을 정도로 경쟁우위를 만들어야 한다.

이렇게 하기 위해 가장 먼저 해야 할 것이 있다. 어쩔 수 없이 해야 하는 일을 관두는 것이다. 당장 사직서를 제출하라는 뜻은 아니다. 다만 어제 했던 방식을 오늘 그대로 반복하고 내일 역시 반복하면서 상황이 바뀔 것이라 기대하는 생각은 관둬야 한다.

노벨경제학상을 받은 폴 크루그먼은 '자본주의가 비인간적인 이유는 노동을 하나의 상품으로 규정하고 있기 때문'이라고 말했다. 다시 말해 자본주의에서 개인은 하나의 상품에 불과하다. 어차피 자본주의에서 벗어날 수 없다면, 우리 스스로 하나의 상품이라는 것을 인정하자. 스스로가 상품이라는 것을 인정하면, 비로소 어떻게 해야 상품의 가격을 높일 수 있는지를 고민하게 된다. 그러면 나도 내가 창업하려는 가게도 루이비통이나 프라다, 헤르메스 등 명품처럼 불경기에도 가격을 올릴 수 있다.

명품은 불만족이 누적해 쌓인 결과다. 현재 품질에 대한 불만족이 쌓이고, 이 불만족을 해결하려는 노력이 따라 쌓인다. 그 노력이 쌓여 다른 상품과 차별성이 생겼다. 이 작은 차별로 인해 사람들은 큰 차액을 지불한다. 명품도 결국 사람이 만든 것이다. 사람도 노력이 쌓이면 명인이 될 수 있다. 자본주의에서 명인이 되면 몸값은 높아진다. 이는 회사원이나 창업자나 마찬가지다.

직장인들의
비전상실증후군

잠시 짚고 넘어가보자. 그렇다면 왜 많은 사람들이 현실에 머무르고 있는 것일까? 왜 많은 사람들이 자신이 하고 싶은 것, 자신이 원하는 모습으로 끊임없이 나아가는 것을 포기하는 것일까? 자신의 꿈을 포기한 채, 세상의 시스템에 맞춰 보통의 모습으로 살아가는 것에 만족하는 것일까?

우리가 현실이라는 그물에 걸려든 이유는 두 가지다. 그중 하나는 바로 평범한 것이 주는 행복이다. 기업이라는 시스템 속으로 들어가게 되면 스스로 책임을 져야 할 일이 줄어든다. 시간이 지나면 임금이 나오고, 해고되지만 않으면 임금을 계속 받을 수 있다. 한번 높아진 임금은 좀처럼 낮아지지도 않는다. 즉, 시스템 속으로 들어가면 책임은 분산되며 해야 할 일은 줄어든다. 임금은 물론, 운이 좋다면 보너스와 인센티브도 받을 수 있으며 4대 보험 혜택도 받을 수 있다.

두 번째 이유는 안정이다. 사람들은 변화를 두려워한다. 변화는 새로운 선택들을 가져오고 새로운 선택들은 불확실성을 초래한다. 불확실성은 걱정을 유발한다. 그냥 하던 것을 계속한다면 지금 당장 걱정할 일이 없다. 하지만 이처럼 안정만을 찾는다면 개구리와 다를 바 없다. 개구리를 냄비에 넣고 아주 천천히 물을 끓이면 도망칠 생각을 전혀 하지 않는다. 개구리는 자신이 머물고 있던 냄비에서 산 채로 삶아진다. 천천히 끓는점을 향해 가는 물은 개구리의 행동에 변화를 유발하지 않는 것이다.

대부분의 사람들도 마찬가지다. 지금의 상태를 유지하려 한다. 시스템 속에 들어가면 변화할 필요도, 혼자서 모든 책임을 질 필요도 없다. 즉, 평범함 속에서 안정을 얻는 대가로 삶에 대한 자유를 포기하는 것이다. 대부분의 사람들은 해야 할 일을 스스로 찾아 행하는 것보다 자신보다 높은 위치에 있다고 생각하는 사람이 시키는 것을 한다. 그런 방식에 편안함을 느낀다. 스스로 쟁취하거나 갈구하지 않는다.

지금 회사원이라면 한번 생각해 보라. 최근 몇 년간 자신 스스로 결정하고 실행한 새로운 일은 몇 가지나 되는가? 새로운 프로젝트를 시작했다고? 그 이유는 무엇인가? 회사에서 살아남아야 하기 때문 아닌가? 그렇다면 자신 스스로 한 것이 아니다. 회사가 등을 떠민 것이다. 새로운 거래처를 만들고 신규 고객을 얻었는가? 무엇 때문에 그렇게 했는가? 생활비를 마련하기 위해서 그렇게 한 것인가? 그렇다면 스스로 한 것이 아니다. 가족에 대한 책임감이 그렇게 시킨 것이다.

대부분의 사람들은 고민을 싫어한다. 지금 하고 있는 고민으로도 머리가 터질 것 같은데 하물며 괜히 창업을 시작해 굳이 새로운 고민을 할 필요가 무엇이 있겠는가. 이런 이유 때문에 대부분의 회사원들은 그냥 그곳에 머물고 있는 것이다. 그리고 이런 현상은 대기업 직장인들도 마찬가지다. 아니 어쩌면 더욱 심하다.

대기업은 중소기업보다 연봉이 더 높다. 때문에 객관적인 실력으로 세상에서 평가를 받아야 하는 창업을 하기가 더 힘들다. 지금 받고 있는 것을 포기하기가 더 쉽지 않기 때문이다. 직설적으로 먹고살 만하기 때문이다.

그래서 거래를 한 것이다. 조직의 일원이 되어 안정적인 생활을 영위하는 대신 파우스트가 악마와 거래한 것처럼 자유를 버린 것이다. 그리고 당분간의 평화를 얻었다. 당장은 행복하다. 다른 사람과 비교해서 그렇게 모자란 것 같지도 않다. 왜냐하면 다른 사람들도 모두 같은 거래를 했기 때문이다. 이런 거래를 했기 때문에 평범해질 수 있었으며, 안정을 찾을 수 있다. 그러나 자세히 살펴보면 너무 불공평한 거래다. 자유를 버린 대신 평생의 안정도 아닌 당분간의 평화를 얻었기 때문이다.

—
조직의 목표는
개인의 역량을 끌어올리는 것이 아니다
—

창업을 하려는 이유는 명확하다. 꿈이 있기 때문이다. 조직의 일원으로 그저 그런 삶을 살기 위해서가 아닌, 내가 계획하고 내가 주도하는 삶을 살기 위해서다.

조직의 일원이라면 주위를 둘러보라. 지금 당장 사표를 쓴다고 해서 조직에 문제가 될 만한 사람이 몇 명이나 되는가? 사장이 바뀌면 당장 기업에 문제가 생기는가? 임원진이 통째로 바뀌면 회사가 당장 문을 닫아야 하는가? 혹은 자신이 사직서를 제출한다면 회사는 어떻게 되겠는가? 당장 혹은 지속적으로 큰 문제가 발생하는가? 아마 대부분의 사람들이 그렇게 생각하지 않을 것이다. 대부분의 조직은 아무 문제없이 흘러간다.

이러한 현상은 공룡과 같이 거대한 조직일수록 더욱 그러하다. 사람 개개인의 능력보다 조직의 시스템에 따라 움직이기 때문이다. 조직 내의 대다수는 간단한 서류 한 장으로 교체할 수 있다. 아니 최근에는 클릭 한 번만으로도 몇 백 혹은 몇 천 명까지 교체가 가능하다. 조직의 목표는 지금과 같은 시스템을 발전시키고 유지하는 것이기 때문이다. 시스템을 발전시킨다는 의미는 교체 불가능한 사람을 교체 가능한 사람으로 치환한다는 뜻이다. 그렇다. 자본주의에서 직장인은 파리 목숨이다. 언제든 교체 가능하다.

완벽한 사업 모델은 숙련도가 낮은 다수의 사람들에 의해 운영되는 것이다. 숙련도가 낮으면 낮을수록 더욱 좋은 사업 모델이 된다. 반면 숙련도가 높은 사람에게 의지해야 한다면 아무리 수익성이 높다고 해도 통제가 불가능해질 수 있다. 또한 숙련도가 높기 때문에 높은 임금을 지불해야 한다. 그러나 상품의 가격을 지속적으로 높일 수는 없다. 대체할 수 있는 상품이 존재하기 때문이다. 아울러 숙련도가 높은 사람이 자본가를 오히려 해고할 수도 있다. 숙련도가 높은 사람의 의지대로 퇴직을 하고 경쟁사로 더 높은 임금을 받고 이직하는 것이다. 이런 위험이 있다면 자본가는 숙련도가 높은 사람에게 끌려다니게 된다. 칼자루는 숙련도가 높은 사람에게 있지, 자본가가 쥐고 있는 것이 아니다.

따라서 자본을 소유한 사람은 다른 사람들이 사업 모델을 쉽게 모방할 수는 없지만 숙련도가 낮은 사람들이 주축이 되는 사업을 구축하려 한다. 물론 대부분의 사람들이 사회에 첫발을 내딛으면 숙련도가 낮은 일을 할 수밖에 없다. 그러나 일을 하면서 경험을 쌓으면 조금씩 숙련도가 높아지게 마련이다. 다만 아무리 일해도 시스템에 속해 있다면 결코 좋은 직업이 아니다. 그저 평생 시스템의 일부로 살아가게 되는 것이다. 그 조직을 떠나게 되면 아무것도 혼자 할 줄 아는 게 없는 빈껍데기가 된다. 다시 자본주의의 밑바닥에서 허드렛일로 낮은 임금을 받아야 한다.

다시 한 번 강조하지만 조직의 목표는 개인의 역량을 높여 조직의 역량을 끌어올리는 것이 아니다. 개인의 역량이 높아지면 자본가는 그들에게 의지해야 한다는 점을 명확히 알고 있다. 따라서 개인의 역량을 높여 숙련도를 증가시키려고 노력하더라도 그건 어디까지나 교체가 가능할 때까지뿐이다. 절대 그 이상을 벗어나길 원하지 않는다. 다만 조직은 그 조직이 지속적으로 확대대고 유지할 수 있는 방법을 추구한다. 따라서 전문가 한 사람에게 의지해야 하는 부분을 잘게 나눠 몇 사람에게 분배한다. 그 편이 훨씬 통제가 쉽기 때문이다.

우리는 학창 시절 이렇게 배웠다. 시간에 맞춰 등교하라. 교칙을 어기지 말라. 선생님을 존경하라. 열심히 공부하라. 인내하라. 뛰어나되 튀지 말라. 그러면 좋은 곳으로 진학할 수 있을 것이며 좋은 기업에 취직할 수 있을 것이다.

그리고 회사에서는 이렇게 배운다. 시간에 맞춰 출근하라. 사칙을 어기지 말라. 상사를 존경하라. 열심히 일하라. 인내하라. 뛰어나되 돈을 밝히지 말라. 그러면 승진할 것이며 언젠가 임금도 상승할 수 있을지 모른다.

그러나 가만히 생각해보자. 존경할 만한 선생님은 몇 명이나 되었던가? 교칙을 어기고 담배를 피웠던 학생들은 모두 낙오자가 되었는가? 좋은 학교에 진학한 학생과 그렇지 않은 학생의 삶의 모습은 얼마나 다른가? 건설 현장에서 육체노동을 하는 사람과 사무직으로 매일같이 비슷한 서류를 정리하는 일을 하는 사람의 임금 차이는 얼마나 벌어져 있는가? 고작 몇 십만 원 정도 차이이다. 그 정도로 달라지는 것은 거의 없다. 다시 말해 시스템 속에 속해 있다면 모두 평범한 일개미일 뿐이다.

—
노동력,
그 가치의 서열
—

숲 속에 토끼가 한 마리 살고 있었다. 토끼의 하루하루는 불안에 시달리는 시간으로 가득했다. 언제 여우를 만나 잡아먹힐지 모르기 때문이다. 작은 소리도 놓치지 않으려고 귀를 쫑긋 세웠으며, 밤에도 걱정하느라 잠을 못 자 눈은 늘 충혈되어 있다. 어떻게 하면 불안감에서 벗어날 수 있을지에 대해서 토끼는 하루도 거르지 않고 생각했다. 그러다 어느 날 문득 여우가 없는 곳으로 이사를 하면 귀를 쫑긋거리지 않고도 풀을 뜯을 수 있으며, 잠도 편안히 잘 것이라고 생각했다.

토끼는 여우가 없는 옆 마을로 이사를 갔다. 그러나 그곳에는 여우보다 포악한 늑대가 있었다. 늑대와 마주친 토끼는 자신의 결정을 후회했지만 이미 그 어떤 것도 선택할 기회가 없었다.

대부분의 사람들도 토끼와 같은 행동을 반복한다. 지금 하고 있는 일, 혹은 지금 다니고 있는 회사에 불만이 쌓인다고 다른 일, 다른 회사를 찾는다. 그리고 그 전 회사에서 했던 것과 동일한 방식으로 일한다. 마치 토끼가 불안감에 떨며 풀을 뜯는 것과 같다. 스스로 변하는 것은 아무것도 없으면서 주변 환경이 변했다고 조금 더 편안하고 안전할 것이라 생각한다.

그러나 토끼가 진정으로 평화를 원했다면 다른 곳으로 이사를 가는 것이 아니라, 스스로 호랑이의 모습을 갖춰야 한다. 문제는 간단하다. 호랑이가 되면 해결되는 것이다. 그렇다면 어떻게 해야 토끼가 호랑이로 변할 수 있을까? 그 방법은 무엇일까?

생태계는 먹이사슬을 갖고 있다. 가장 아래에는 식물이 있으며, 그 위에 초식동물이 존재한다. 그리고 풀과 함께 조그만 초식동물을 잡아먹는 잡식 동물이 있으며, 최종적으로 호랑이와 같은 거대 육식동물이 있다. 그리고 그 위에 도구를 사용할 줄 아는 인간이 군림한다. 만약 인간이 도구를 사용할 줄 모른다면, 생태계에서 중간보다 못한 위치에 머무르고 있을 것이다.

경제의 먹이사슬도 마찬가지다. 가장 밑에는 숙련도가 낮은 노동자가 존재한다. 그리고 숙련도가 높은 노동자가 그 위에 있으며, 노동자들에게 규칙을 정해주는 사업가가 다음 단계를 차지하고 있다. 그리고 최종적으로 사업가에게 투자하는 자본가가 위치한다. 그러나 경제체제의 먹이사슬은 생태계보다 복잡하다. 토끼가 늑대를 잡아먹을 수는 없지만 경제체제의 먹이사슬에서는 이런 일이 가능하다. 숙련도가 낮은 노동자도 소액으로 자본가의 역할을 할 수 있기 때문이다. 어떤 도구를 어떻게 활용하느냐에 따라 경제체제의 먹이사슬에서 개인의 위치는 높아지고 낮아질 수 있다. 다만 위치를 명확하게 벗어나는 것이 쉽지만은 않다. 아래쪽은 언제나 많은 경쟁자들로 붐비기 때문이다. 더 열심히 일하고, 더 많은 시간을 할애해도 상위 단계로 올라가기는 힘들다. 그러나 한 단계 위로 올라갈수록 경쟁자는 줄어들고 일은 쉬워진다. 아울러 더 많은 수익을 남길 수 있다.

직장인의
단 한 가지 장점
—

주변 회사원들에게 왜 직장 생활을 계속하는지 물어보면, 대답은 비슷하다. 돈이 없어서라는 대답이 가장 많다. 두 번째는 창업해서 실패할 위험을 감수할 수 없어서다. 세 번째는 지금 다니고 있는 회사보다 좋은 곳을 찾기도 쉽지 않기 때문이다. 표현은 다르지만 결국은 가진 것도, 할 줄 아는 것도 없다는 얘기다.

사실 직장 생활은 단점보다 장점이 많다. 우선 현업에 대한 인맥과 업무 스킬을 빠르게 익힐 수 있다. 또한 회사에서 몸을 숨기고 있을 수도 있다. 회사가 어렵거나 자신의 적성에 맞지 않을 때 다른 곳으로 이직하거나 업무를 변경할 수도 있다. 반대로 회사가 정말 잘될 경우 덩달아 내 가치와 연봉도 함께 높아질 수 있다. 대기업이나 급성장하는 기업의 경우 주변 사람들에게 인정받고 안정적인 삶을 살고 있는 것 같아 보이기도 한다.

그러나 그것뿐이다. 만약 회사에서 하고 있는 업무가 단지 시스템을 유지하기 위한 부품이 되는 일이라면 퇴직을 하고 나서는 회사에서 했던 일이 아무런 도움도 되지 않는다.

예를 들어 해군이라고 생각하자. 엄청난 규모의 군함을 지휘하는 장교다. 부대 생활은 힘들어도 정복을 입고 휴가를 나올 때면 많은 사람들이 부러워한다. 월 급여도 괜찮다. 특별한 일이 없으면 평생 군인으로 퇴역할 수도 있다. 연금으로 여유롭지는 않지만 부족하지 않은 삶을 노년까지 이어갈 수 있다.

그런데 연금을 받기도 전에 퇴역해야 할 일이 발생하면? 군대에서 배웠던 모든 기술은 쓸모없어진다. 군대에서는 최정예 부대원으로 능력을 인정받았다고 하더라도, 군함이 없으면 그 많은 기술과 지식들은 무용지물이 된다.

대기업도 마찬가지다. 대기업의 급여체계를 맞춰줄 수 있는 중소기업은 사실상 많지 않다. 따라서 대기업에 종사했던 사람이 비슷한 연봉으로 이직할 수 있는 곳은 별로 없다. 급여를 낮춰 이직을 한다고 하더라도 구매, 홍보, 마케팅기획 등과 같은 일부 업무에서 습득한 지식과 노하우들은 대기업이라는 조직을 벗어나면 무용지물이다.

때문에 많은 사람들이 유명한 대기업에 다니다가 연봉도 낮은 중소기업으로 이직할 바에 창업을 하겠다고 생각한다. 그러나 대기업과 같이 큰 조직에 있었던 사람들 중 상당수는 창업에서 성공할 수 없다. 창업은 한 분야에서 그 누구보다 높은 전문지식이 있다고 성공하는 게 아니다. 종합적인 지식이 있어야 한다.

소기업 한 명 한 명의 역량은 대기업 사원의 역량보다 낮을 수도 있다. 그러나 종합적인 업무 처리 능력은 결코 낮지 않다. 조직원이 많지 않아 어쩔 수 없이 멀티플레이어가 되기 때문이다. 예를 들어 작은 기업의 마케터는 마케팅 전략을 짜는 것과 동시에 자신이 세운 전략을 직접 실행해 영업까지 한다. 또한 거래처 관리는 물론이며 상품관리까지 하는 것이 다반사다. 즉 어떻게 해야 현금이 돌고 상품이 팔리는지 총체적인 업무지식을 쌓는다. 그러나 대기업에서 이런 총체적인 지식을 습득하기가 결코 쉽지 않다. 대부분은 자기가 맡은 한정된 역량의 일을 할 뿐이다.

창업을 하겠다는 목표를 가지고 회사를 다니면, 좋은 점이 있다. 단한 가지뿐이지만 분명 엄청난 장점이다. 바로 회사 돈으로 해당 분야에서 실패와 성공을 반복해 볼 수 있다는 점이다.

예를 들어 금융회사의 교육팀 소속으로 근무하고 있다고 가정하자. 회사에서 월급을 받으면서 해당 시장에 대해 면밀히 살펴볼 수 있다. 직접 기획해서 일반 서민 투자자를 상대로 어느 정도 비용을 받고, 어떤 상품을 권해야 더 많은 사람들이 관심을 갖는지도 확인할 수 있다. 또한 신흥 부자인 강남과 전통적인 부자인 강북 부유층들이 어떤 성향을 갖고 있는지 직접 세미나를 개최해 확인해 볼 수도 있다. 물론 이런 세미나를 개최하는 등의 모든 비용은 회사가 지불한다. 월급을 받으면서 신문이나 뉴스 등에서 얻는 정보보다 훨씬 자세한 시장 정보를 얻을 수 있는 것이다.

기획한 세미나 등 모든 것들이 성공할 수는 없다. 시장 분석을 잘못하거나 상품 분석을 잘못하는 등의 이유로 실패할 수도 있다. 그러나 회사원일 때는 한 프로젝트가 실패했다고 인생 그 자체에 위협이 되지 않는다. 그저 상사에게 혼이 나거나 부족한 내용으로 보고서를 작성하면 끝이다. 정말 큰 실패를 했다고 하더라도 감봉 이상의 책임을 물릴 수 없다. 그뿐이다.

내가 만나본 한 성공한 사업가는 사업 성공 이유에 대해 이렇게 얘기했다.

"별로 위험이 크지 않았어요. 실패한다면 지인들에게 좀 부끄러운 기억을 준다거나 제가 받을 수 있는 연봉의 한 30% 정도가 적게 책정되는 것뿐이었죠. 그 정도로 인생이 망가지지는 않는다고 생각했어요. 그래서 좋은 회사를 관두고 창업할 수 있었던 거죠."

실제로 이분의 경력을 보면 대단하다. 일본 동경대를 졸업해 글로벌 컨설팅회사에 입사했다. 지식이 더 필요하다고 느껴 하버드 MBA에서 경제 공부를 했고, 그 경력으로 금융투자회사에 다시 출근하기 시작했다. 그러다 갑자기 창업을 생각했고, 온라인으로 진행하는 사업체를 일궜다. 물론 처음부터 성공 반열에 올라간 것은 아니다. 초기 3년은 끼니를 해결할 수도 없을 정도로 사업이 잘되지 않았다. 게다가 시스템을 확충하기 위해 지출은 많았다. 주변 모든 사람들이 안타까워했다. 왜 좋은 회사, 높은 연봉을 포기하고 창업했는지 알 수 없다는 얘기뿐이었다. 그러나 온라인 사업의 특성상 시장에서 승자가 되니 일순간 사업이 급속도로 커졌다. 일단 성공하니 사람들의 말이 변했다. 하나같이 '너라면 성공할 줄 알았다'는 내용이었다.

그분은 회사 생활에 대해 다시 이렇게 말했다.

"아주 오래전부터 온라인에서 새로운 사업이 될 것이라고 생각했어요. 맨 처음 회사, 컨설팅 업무를 하면서 확신했죠. 회사에서 제가 하고 싶은 사업이 얼마나 가능성이 있는지 여러 방법을 동원해서 실험했어요. 회사에서는 그저 제가 열심히 한다고 좋아했죠. 회사 내에서 인정도 받았고요. 그러나 회사에서 열심히 일했던 것은 모두 창업하기 위한 실험이었어요. 저에게 있어 회사는 창업을 위한 실험실이었던 셈이죠. 성공을 확신하고 나서 하버드에서 관련 분야에 대해 조금 더 전문 지식을 쌓았고, 다시 한 번 금융투자회사에서 마지막 실험을 했던 것이죠. 회사 돈으로요. 그리고 성공할 것 같다가 아니라, 실패할 수 없을 것 같다는 확신이 들자 비로소 창업한 겁니다."

그의 말을 요약하면 결국 회사에서 가장 큰 장점은 회사의 돈으로 내가 하고 싶은 것들을 해볼 수 있다는 것이다. 게다가 학교를 다니면서 내가 해보고 싶은 것을 하려면 내 돈을 지출해야 하는데, 회사에서는 회사의 돈, 즉 남의 돈으로 내가 해보고 싶은 것들을 해볼 수 있다.

실제로 내가 상담한 후 성공한 사람들을 살펴봐도 이와 비슷하다. 상담을 받은 사람들은 대부분 30대 중반에서 50대 초반이다. 이들 중 성공한 사람들을 생각해 보면, 회사에서부터 창업을 준비했던 사람들이 대부분이다.

연령대별로 살펴보면 30대는 업무 노하우나 인맥 등을 고려해 자신의 전문분야에서 창업하는 것보다 아이디어 창업을 원한다. 막연한 자신감과 열정을 강조해 창업 후 성공할 수 있다고 생각한다. 그러나 상당수가 실패한다. 이유는 회사에서 업무 노하우 등 창업 후의 성공 노하우를 제대로 배우지 못했기 때문이다.

50대는 등 떠밀려 창업하는 사람이 많다. 어쩔 수 없이 하는 창업이다. 때문에 이런 경우에도 실패하는 확률이 높다. 그리고 그중 상당수는 공기업이나 대기업에서 높은 연봉을 받은 사람들이다. 다시 말해 퇴직 후 창업이라는 것에 대해 별로 고민해 보지 않은 사람들이다. 퇴직 시기가 빠른 중소기업이나 일부 대기업은 이미 40대에 명예퇴직 등으로 창업 시장에 뛰어들기 때문이다.

　연령대별로 봤을 때 창업 후 가장 성공 확률이 높은 것은 40대다. 업무 노하우도 어느 정도 있고, 열정도 있다. 또한 40대 창업자 중 상당수는 입사 초기부터 창업에 대한 꿈을 꾸다가 기회가 왔을 때 창업을 본격적으로 실행하는 사람들이다.

　결국 회사 생활을 하는 가장 큰 장점은 향후 창업을 할 때의 노하우를 체계적으로 준비할 수 있다는 것이다. 우리에게 창업할 기회와 시간은 충분하다. 다만 지금 다니고 있는 회사, 지금 하고 있는 일에서 돈을 받으며 기회를 만들어야 한다는 점을 깨닫지 못했을 뿐이다.

지금 당장 때려치워야 하는
직업도 있다
—

　　　　　　　　　　　　　지금 당장 때려치워야 하는 직업이 있다. 만약 지금 이런 직업이라면 고민할 필요가 없다. 직업에도 발전 가능성이 있는 것과 그렇지 않은 것이 있기 때문이다.

　맥도널드는 세계 제1의 패스트푸드 기업이다. 따라서 맥도널드의 정식 직원을 꿈꾸는 젊은 사람들도 많을 것이다. 맥도널드뿐만 아니다. 스타벅스 등 커피숍도 마찬가지이며 대부분의 패밀리레스토랑도 똑같다. 스타벅스로부터 시작한 커피 문화로 인해 '바리스타'를 꿈꾸는 사람도 많아졌다. 그러나 스타벅스든 맥도널드든 혹은 패밀리레스토랑의 지점장이든 극히 일부분의 사람들만 성공 대열에 올라설 뿐이다. 대부분의 직원들은 언제나 교체 가능하기 때문이다.

　'맥잡'이라는 말을 들어보았는가? 맥도널드 잡^{McDonald Job}의 준말로 직업이 아닌 일, 전망 없는 저임금 노동자를 뜻한다. 맥잡은 세계적으로 패스트푸드점의 일자리를 뜻하는 보통명사로 사용된다. 맥도널드는 거대한 톱니바퀴이며, 그 속에서 일하는 99%의 직원들은 맥도널드라는 자판기의 부품일 뿐이다. 실제 맥도널드는 수많은 매뉴얼이 존재하며, 거기서 일하는 사람들은 기계가 하지 못하는 일을 기계처럼 반복할 뿐이다. 따라서 언제든지 쉽게 교체가 가능하다. 아무리 멋진 제복을 입고, 안락하고 깨끗한 곳에서 일을 한다고 해도 기계의 부품인 것은 변함이 없다. 조악한 중국산 모방 제품과 달리 애플사의 최고급 디지털 제품은 겉에서 보기엔 멋있어 보이지만, 그 안을 들여다보면 마찬가지로 수많은 부품들로 직조되어 있다. 맥도널드에서 일하든, 스타벅스에서 일하든, 더욱 멋진 곳에서 일하든 상관없다. 당신이 매뉴얼대로 일하면 그 일은 하는 당신은 언제든 교체가 가능하다.

자본주의에서의 수많은 직업들은 실제로 대부분 이와 같은 것들이다. 간혹 많은 경험과 지식이 있어야만 취업이 가능한 일이라 할지라도 이런 식으로 언제나 교체 가능하다는 것을 반드시 염두에 두어야한다. 예를 들어 스튜어디스가 되기는 쉽지 않다. 아름다운 외모는 물론 서비스 정신과 외국어까지 능통해야 한다. 그러나 교체되기는 쉽다. 경영자 혹은 자본가의 입장에서 볼 때, 그리고 고객의 입장에서 볼 때 대부분의 스튜어디스는 그저 스튜어디스일 뿐이다. 특별한 스튜어디스가 아니라는 뜻이다. 지난해 여행을 갈 때 비행기에서 서비스를 담당했던 스튜어디스와 얼마 전 서비스를 담당했던 스튜어디스의 차이가 무엇인가? 아마 거의 찾을 수 없을 것이다. 패스트푸드의 점원뿐만 아니라 더 멋진 그리고 더 되기 힘든 직업을 가졌더라도 수요보다 공급이 많다면, 시스템에서 교체 가능한 하나의 부품에 지나지 않는다.

우선 회사원이라면 지금 다니고 있는 직장을 생각해 보자. 5년차 대리급 사원이라면, 지금 당장 10년 후의 미래를 그려보라. 대기업 대리급이라면 친구들과 비교해서 부끄럽지 않은 연봉을 받을 것이다. 그럼 10년 후에는 얼마의 연봉을 받을 수 있겠는가? 과장이나 부장 등의 상사에게 넌지시 물어보면 대답을 들을 수 있을 것이다. 그 회사에서 10년 후까지 출근이 가능하다면, 당신은 이미 미래의 모습을 거의 확정적으로 그려볼 수 있다. 지금 과장이나 부장과 같은 모습일 것이기 때문이다. 그들의 모습에 만족한다면, 회사에 충성을 다해야 한다. 그러나 그들보다 더욱 평온하고 행복해지고 싶다면 생각을 달리 해야 할 것이다.

중소기업은 어떠한가? 아마 대기업보다 미래를 그리기 더욱 쉬울 것이다. 부장이나 과장이나 대리나 사원이나 연봉의 차이가 그다지 크지 않다. 만약 당신이 회사에서 정한 매뉴얼대로 일을 진행하는 사람이라면 미래는 자본가나 사업가들이 만든 방식대로 흘러갈 수밖에 없다.

아울러 회사원이 아니더라도 당신이 실행하는 서비스나 생산하는 제품의 가격이 능력이나 경험 혹은 품질에 의해 달라지지 않고 이미 정해져 있어서 거의 변할 수 없는 것이거나, 받을 수 있는 대가가 고객 수와 관련 없이 정해져 있다면 그것은 이미 뒤에서 누군가가 당신을 조종하고 있는 것이다. 아울러 기계나 사람을 관리하거나 지나치게 연구해야 하는 일도 마찬가지다. 시스템 안에 갇혀 있을 수밖에 없는 일이다.

조금 더 자세히 살펴보자. 보통의 직업은 크게 4가지로 분류할 수 있다.

가장 먼저 사람을 상대로 하는 일이다. 대표적인 것은 영업이다. 영업은 불특정 혹은 특정한 다수의 사람들을 만나 그들이 부족한 점은 무엇인지 파악하고 더욱 낮은 가격으로 높은 가치를 판매하는 일이다. 상품이나 서비스가 특별하지 않다면 대부분 영업을 하는 사람의 신뢰도에 따라서 판매가 결정된다. 소규모 사업가나 자영업자도 사람을 상대로 하는 일에 속한다. 이처럼 사람을 상대로 하는 일을 잘하려면, 외향적이고 활동적인 성격을 갖춰야 한다. 타인을 배려하는 점도 꼭 필요하다.

두 번째는 서류를 상대로 하는 일이다. 회계사, 변호사, 교수, 연구원 등이 이에 속한다. 이들은 끊임없이 무언가를 연구하고, 발명하고, 발견함으로써 몸값을 높이게 된다. 내성적이면서 꼼꼼한 사람들이 이 직업에 어울린다.

세 번째는 기계 등 무생물을 상대로 하는 일로, 컴퓨터프로그래머, 엔지니어, 피아니스트 등이 이에 속한다. 컴퓨터나 피아노 등 자신이 다루고 있는 무생물을 더욱 효과적으로 다루기 위해 노력해야 하기 때문에 혼자서 일하는 것을 좋아하는 사람이 이 일에 어울린다.

마지막으로 운동선수나 배우, 가수 등과 같이 몸으로 하는 일이다. 이런 직업이라면 타인이 나를 어떻게 생각하는지를 가장 먼저 고려해야 한다. 아울러 승자독식에 대해서도 철저히 파악해야 한다. 참고로 승자독식은 1등인 승자가 모든 것을 가져가는 것이다. 승자독식의 이유는 복사가 가능하기 때문이다. 오디오 시스템이 발달하지 않았던 과거에 서당 훈장님은 그 마을 교육을 담당했다. 정말 뛰어난 훈장이라도 해도 영향력의 범위가 일정 범위를 벗어나지 못했다. 그러나 지금은 오디오 시스템의 발달로 인해 훈장 즉 교육자의 목소리를 무한정 복사할 수 있다. 따라서 교육자가 옆 마을에 있든 지구 반대편에 있든 상관없이 가장 교육을 잘하는 사람으로부터 직접 가르침을 받는 것과 같은 효과를 누릴 수 있다. 이처럼 복사 가능성이 증가했기 때문에 1등에게 더 많은 보상이 주어진다. 모든 사람이 1등에게 관심을 기울인다. 가능하다면 가장 잘 가르치는 사람에게 교육을 받고 싶을 것이며, 가장 뛰어난 사람의 제자가 되고 싶은 것은 인지상정이다. 따라서 복사의 가능 여부가 승자독식 사회의 핵심이다. 요컨대 최고의 축구선수의 경기는 TV를 통해 십수억 명이 관람한다. 영화도 전세계 극장에서 볼 수 있다. 뛰어난 음반도 유튜브를 통해 온라인에 접속할 수 있다면 누구나 들을 수 있다.

이처럼 분류하는 4가지 직업들 모두 시스템 안에 속할 수도 있다. 영업의 대부분은 시스템에 포함되어 있다. 회사를 벗어나면 그 상품을 판매할 수 없기 때문이다. 예를 들어 보험설계사는 회사에 소속되어 있지 않으면 보험 판매가 불법이다. 따라서 보험사는 보험설계사를 통제하려고 한다. 보험사의 인지도가 높고 그 보험사에서 출시된 상품이 특화되어 있으며 다른 보험사에서는 찾아볼 수 없는 특징이 많을수록 보험설계사는 부품으로 전락한다. 보험사, 즉 회사의 입장에서 상품 차별성이 크면 클수록 영업사원은 시스템에 귀속된다.

서류를 상대로 하는 일도 마찬가지다. 대학 교수의 경우도 정교수가 되기 위해, 다시 말해 안전한 시스템 안으로 들어가는 과정에서 많은 비리들이 발생하고 있다. 세 번째 직군에 속하는 엔지니어도 시스템에 속해 있는 경우가 대부분이다. 높은 기술력을 필요로 하는 직업 대부분이 대기업 시스템으로 움직이기 때문이다. 예를 들어 자동차 엔진 부문 최고의 기술자라면? 아마 자동차 회사에 속해 있을 것이다. 자동차 회사를 벗어나서 혼자 경제적 가치를 높일 수 없다. 엔진만 있다고 차가 완성되는 것은 아니기 때문이다. 네 번째 직군인 몸으로 하는 일도 다른 직군과 비슷하기는 마찬가지다.

그러나 반대로 시스템 밖에 존재할 수도 있다. 몸으로 하는 단순 노무직이라고 해도 선배 혹은 사장의 노하우를 열심히 배워 창업을 하기도 하며, 신입사원도 선배들과 임원·사장의 노하우를 습득해 새로운 길을 개척하기도 한다. 따라서 중요한 것은 지금 어떤 직업군에 속해 있느냐가 아니라 어떻게 해서 명확한 자신만의 차별성을 만들고, 그것을 브랜드화 할 것인가이다. 자신의 차별성을 만들었다면 창업해야 한다. 이 차별성에 따라 시스템에서 벗어나 자신만의 게임의 룰을 만들 수 있다. 즉, 창업 이후 성공 여부의 대부분은 차별성에서 결정된다.

당신은
지금 남을 위해 살고 있다
—

잠시 어린 시절 이야기를 해보자. 햇살이 맑은 날 친구들과 어울리기 위해 운동장에 나갔다. 친구들은 나무 그늘에 앉아서 무엇인가에 열중하고 있었다. 모두 나뭇가지로 개미집을 파헤치며 혼비백산 놀라서 달아나는 개미들을 보며 즐거워하고 있었다. 친구들의 입장에서 그것은 모두 장난이었겠지만, 개미의 입장에서는 조물주가 재앙을 내리는 것과 같았을 것이다. 개미는 아무런 저항도 할 수 없이 무너지는 세계에서 살아남기 위해 있는 힘껏 도망간다. 그러나 대부분은 아이들의 장난 가득한 웃음 아래서 처참하게 죽게 될 뿐이다. 만약 살아남더라도 그 재앙의 크기는 엄청나다. 여왕개미까지 죽게 되면 그들의 세계는 아이들의 장난으로 한순간에 무너져 버리게 된다.

나 역시 아이에 불과했기 때문에 친구들의 장난으로 혼비백산하는 개미들을 그저 보고만 있었다. 하지만 그때의 기억은 아직까지 또렷이 남아 있다. 그리고 사회생활을 하면서 그 기억이 더욱 짙어져 가는 느낌이다.

많은 사람들이 개미와 비슷하다는 생각이 든다. 개미는 공동체 생활을 한다. 한 마리의 여왕개미를 중심으로 수개미와 병정개미 그리고 일개미가 있다. 수개미는 자신의 세계를 복제하는 역할을 하며, 병정개미는 다른 개미들과 전투를 함으로써 자신만의 세상을 지키는 역할을 한다. 일개미는 여러 가지 일을 하는데, 그중에는 육아를 담당하는 일개미, 식량 채취를 담당하는 일개미, 집을 확장하는 일개미 등이 있다.

공동체 생활을 하는 사람도 비슷하다. 회사에는 모든 것을 총괄하는 여왕개미와 같은 CEO가 있으며, 그 밑에 CEO의 생각을 조금 더 구체적으로 실천할 수 있도록 돕는 수개미와 같은 임원들이 있다. 그리고 경쟁업체와 싸워서 더 높은 수익을 창출해야 하는 병정개미와 같은 영업과 마케팅팀이 있으며, 이런 팀을 지원하기 위한 일개미와 같은 서브 부서들이 존재한다.

여왕개미만 죽지 않는다면, 수많은 일개미가 아이들의 장난에 의해 죽어도 세계는 다시 재건될 수 있다. 물론 어려움이 따를 것이다. 그러나 시간문제일 뿐이다. 사람들이 만든 공동체도 비슷하다. 일개미와 같은 직원들이 몇 명 혹은 다수가 구조조정 등으로 떨어져 나가도 당분간은 힘들겠지만 조직은 다시 흘러갈 것이다. 병정개미와 수개미 역시 마찬가지다.

우리는 이처럼 개미와 별로 다를 것 없는 세상에서 살고 있다. 그런데도 많은 사람들은 그냥 일개미에 머물러 있으려고 한다. 일개미의 생활을 하면서 안정을 취하고 있다. 일개미는 여왕개미가 시키는 대로 혹은 시스템에게 부여받은 대로 맡은 바 임무에 충실하면 그만이다. 그러나 그런 생활을 하면 결국 언제 자신의 역할을 다른 사람에게 줄지 모른다. 선택권이 없기 때문이다. 만약 지금 당장 당신이 속해 있는 조직에서 당신의 이름이 구조조정 명단에 들어가 있다면 어떻게 할 것인가? 대부분은 그냥 조용히 물러날 뿐이다. 우리는 일개미처럼 그저 남을 위해서 산다. 남의 일을 하면서 사는 것이다.

학창 시절 좋은 성적으로 좋은 대학에 입학했다. 그리고 일류 대학을 졸업하고 대기업에 취직했다면, 연봉이나 복지도 괜찮은 편일 것이다. 그러나 대기업 직원이라고 해도 한 가지 부족한 것이 있다. 선택권이다. 개미로 비유한다면 조금 더 많이 먹는 일개미에 불과하다.

규칙에 따르기만 해도 되는 일이기 때문에 규칙에 따라 일하는 것이 전부인 생활을 한다. 내가 지시하는 대로 부하직원들이 따라주기를 바랐기 때문에 본인 역시 회사에서 원하는 방향으로 움직인다. 불만은 있지만 사표를 낼 정도까지는 아니다. 그러나 급여 높은 일개미로 산다고 해도 별로 나아지는 건 없다.

회사의 영업사원 중에 유독 높은 실적을 내는 사원이 있었다. 어떻게 혼자서만 그렇게 높은 실적을 내는지 궁금해서 그에게 다가갔다. 그는 일반 영업사원과 다른 점을 한 가지 가지고 있었다. 회사에서 교육한 것과 다른 영업 전략을 가지고 거래처에 접근하고 있었다.

미국에서 강화유리를 판매하는 세일즈맨 중에서 유독 한 명만 높은 실적으로 보였다. 회사의 운영진들은 그가 어떻게 세일즈를 하는지 궁금해서 높은 인센티브를 약속하고 그가 영업하는 방법을 공개해 달라고 부탁했다. 그러자 그는 아무런 거리낌 없이 자신의 영업 비법을 공개했다. 그의 방법은 회사에서 교육받은 방법과는 전혀 달랐다. 회사는 강화유리의 장점을 고객에게 설명하고, 고객이 그것을 이

해할 수 있도록 화법이나 제안 방법, 가격 대비 가치에 대한 교육을 했다.

그는 단지 회사에서 샘플로 제공하는 강화유리와 자신이 직접 준비한 망치를 들고 고객들을 찾았다. 그리고 강화유리에 대한 짧은 설명을 한 뒤에 고객이 보는 앞에서 망치로 자신의 유리를 강하게 내리쳤을 뿐이다. 이 짧고 강력한 설명에 무엇이 더 필요하겠는가? 같은 회사의 모든 세일즈맨들이 고객들에게 천편일률적으로 자신이 판매하는 상품을 설명하기 위해 노력할 때, 그는 고객이 그것을 직접 느낄 수 있도록 차별화한 것이다.

그가 그의 세일즈 비법을 공개하자마자 회사는 모든 영업사원에게 그와 동일한 방식으로 고객을 만날 수 있도록 했다. 세일즈맨에게 모두 망치를 쥐어 준 것이다. 그러나 여전히 그는 다른 영업사원들보다 높은 실적을 보였다. 운영진들은 다시 한 번 그에게 그만의 방법을 공개해 달라고 부탁했다. 그리고 그는 또 한 번 자신의 방법을 공개했다. 다른 영업사원들이 자신이 직접 망치로 유리를 내리칠 때 그는 고객에게 망치를 쥐어줬다. 고객이 직접 유리가 깨질 수 있을 만큼 세게 내리쳐 보도록 한 것이다. 이로써 그는 다른 세일즈맨과 또 다른 차별을 만든 것이다. 장난에 불과한 것 같지만, 과정에서의 이 작은 차이가 결과로는 엄청난 차이가 되어 돌아온다.

만약 이런 사람이 회사에 있다면, 회사는 그를 어떻게 하겠는가? 아마 그가 떠나지 않도록 원하는 모든 것을 들어주려고 할 것이다. 그 회사가 그 세일즈맨을 선택하는 것이 아니라 그가 회사를 선택할 수 있게 상황이 변하는 것이다. 그러나 그가 퇴사한다고 해도 회사는 별

문제 없이 굴러간다. 아무리 훌륭한 실적을 내는 영업사원이라 해도 한 명의 일개미에 불과하다.

우리 회사에서 항상 최고의 실적을 내던 영업사원도 마찬가지였다. 다른 영업사원들은 그저 회사가 천편일률적으로 제공할 수 있는 것을 가지고 접근했다. 그러나 그는 회사에서 제공하는 카탈로그나 브로슈어, 팸플릿, 제안서 등을 활용하지 않았다. 우선 아무것도 소지하지 않은 채로 거래처가 될 만한 회사를 방문했다. 그리고 그 회사의 모습을 꼼꼼히 살펴본 다음, 그 회사에 적합한 상품의 내용들을 작성했다. 즉 상품을 먼저 설명한 것이 아니라 거래처가 될 만한 회사에서 필요한 것이 무엇인지부터 알려고 노력한 것이다. 즉, 단순히 판매를 위해 접근한 것이 아니라 부족한 것을 채워주기 위해 접근했다. 회사에서 탁상공론으로 상품을 연구하는 사람들과 달리 고객이 필요한 것이 무엇인지 직접 고민하면서 영업했던 것이다. 이런 노력과 차별성 덕분에 그는 언제나 높은 실적을 유지했으며 초고속 승진을 했다.

하지만 결국 이 훌륭했던 영업사원은 회사에서 쫓겨나다시피 퇴직했다. 관리자가 되어 기존 영업사원들에게 자신의 노하우를 전수했는데, 자신만의 노하우를 모두 공개하자 자신만의 차별성을 더 이상 유지할 수 없게 되었고 결국 회사를 떠날 수밖에 없었다. 회사의 입장에서 더 이상 특별한 존재가 아니었기 때문이다. 비슷비슷한 관리자일 뿐이었다. 게다가 그만의 노하우도 더 이상 특별한 게 아니었기 때문에 이직도 쉽지 않았다. 결국 다른 업계로 더 낮은 연봉에 이직했다.

—
선택하라,
바꿀 수 있다
—

창업을 결정했다면 가장 먼저 부딪쳐야 되는 것은 바로 외로움이다. 대부분의 사람들은 안주하기를 원한다. 더 나은 삶보다 현재에 만족하는 것이다. 때문에 가능성보다 위험성을 먼저 본다. 성공의 희열보다 실패의 아픔을 먼저 생각한다.

창업을 마음먹고 주변 사람들에게 이를 알리면, 십중팔구 부정적인 얘기부터 한다. 이유는 단순하다. 조금 더 신중한 마음으로 창업을 고민하라는 이유도 있다. 그러나 그보다 회피 본능이다. 아주 옛날로 돌아가 보자. 남자는 사냥을 위해 들판으로 나간다. 토끼나 사슴, 꿩 등을 매번 잡아 가족들에게 맛있는 고기를 제공한다. 매일매일 이처럼 사냥에 성공한다고 해도, 만약 단 한 번만이라도 호랑이를 만나면 치명적이다. 작은 토끼를 잡는 게 성공이라면 호랑이와 만나는 것은 실패다. 성공은 여러 번 반복해도 크게 달라지지 않지만, 한 번 실패하면 더 이상 지금과 같은 삶을 지속하기 어려울 수 있다.

이처럼 우리의 뇌에는 실패에 대한 두려움이 본능적으로 자리 잡고 있다. 그러나 호랑이를 만나지 않는다고 해도 계속 사냥에 성공할 수는 없다. 언젠가는 늙고 지쳐 버리기 때문이다. 창업을 통해 적게 일해도 많은 돈이 벌리는 구조체를 만드는 것은, 강한 자녀들을 많이 낳는 것과 비슷한 개념이다. 내가 힘이 없어도, 아니 내가 힘을 많이 쓰지 않아도 누군가가 사냥을 해올 수 있다.

나는 창업에 대한 결심을 알린 열 명의 지인 중 단 한 명이라도 적극적으로 찬성했다면, 그 이유에 귀를 기울여 보는 것이 좋다고 생각한다. 창업 성공 여부는 전부 본인의 능력에 달렸다. 본인 이외에 그 누구도 알 수 없다. 그러나 어려운 시기에 창업자 본인을 도와주는 사람은, 창업 소식을 알렸을 때 부정적인 말을 한 사람이 아니라 긍정적인 응원을 해준 사람이 대부분이다. 긍정적인 응원을 했다는 것은 창업자의 능력을 어느 정도 확신하는 사람들이기 때문이다.

이제 선택해야 한다. 자신의 길을 갈 것인지, 아니면 다른 사람이 만들어 놓은 길을 그대로 쫓아갈 것인지. 인생의 주인공이 될 것인지 아니면 그냥 엑스트라가 될 것인지. 만약 주인공이 되길 원한다면 수많은 갈등과 부딪히게 될 것이다. 그러나 없어서는 안 될 중요한 사람이 된다. 반면 엑스트라가 된다면 당분간은 편안하겠지만, 언제나 교체될지 모른다는 두려움에 시달려야 할 것이다.

내 역전 과수
엉졸선졌
창엉자늠소
사법성 분
사엉계로
사엉장

| CHAPTER 02 |

현재 나의 위치를 파악하라

모든 자본은
전문가를 향해 흐른다

점심을 먹기 위해 식당을 고를 때를 생각해 보자. 혹은 가족과 함께 외식을 하는 경우를 가정하자. 이럴 경우 어떤 음식점을 찾게 되는가? 아마 가장 맛있는 음식점으로 발길을 옮길 것이다. 음식점에서 제공하는 음식의 맛은 그 음식점의 전문성을 나타낸다. 따라서 우리는 무의식적으로 음식의 전문가에게 자본을 주고 상품을 구매하는 것이다.

자동차가 고장 났다고 가정하자. 이럴 경우 어떤 정비소를 찾는가? 아마 무조건 저렴한 정비소를 찾지는 않을 것이다. 차를 아끼면 아낄수록 더욱 믿을 만한 정비소를 찾는다. 몸이 아파서 병원을 찾는다고 생각하자. 어떤 의사를 찾는가? 아마 가장 명성이 뛰어난 의사를 찾을 것이다. 자신의 생명과 직결될수록 가격은 고민해야 할 문제에서 멀어진다. 만약 변호사를 선임해야 할 경우, 그 문제가 중대하면 중대할수록 더욱 전문적인 변호사를 선임하게 된다. 이처럼 자본은 알게 모르게 전문가를 향해 흐르고 있는 것이다.

물이 위에서 아래로 흐르는 것처럼, 자본은 전문가를 향해 흐른다. 따라서 창업해서 성공하기 위해서는 전문가가 되어야 한다. 전문가가 되면 고객을 선택할 수 있다. 점심 한 끼를 해결할 수 있는 일반적인 비용은 5,000원 내외이다. 그러나 더욱 맛있는 음식을 제공하는 레스토랑 비용은 그 몇 배에 해당한다. 즉, 가격을 높임으로써 고객을 선별하고 있는 것이다. 몇몇 유명 배우들은 단순히 개런티를 많이 준다고 해서 아무 CF나 찍지 않는다. 또한 아무 드라마나 영화에 출연하지 않는다. 자신의 이미지를 강화하고 유지할 수 있는 작품을 선택한다. 최고의 디자이너는 자신의 옷을 입고 패션쇼를 할 사람으로 누구를 선택할 것인지 고민한다. 그러나 무명 배우는 어떤 CF를 촬영하고 드라마에 나가야 할지를 고민하지 않는다. 다만 자신이 선택되기를 바랄 뿐이다. 맛없는 음식점의 경우도 마찬가지다. 선택은 고객이 한다. 때문에 음식 가격을 낮추고, 수익을 낮추고 자신이 선택되기를 간절히 희망한다. 그럴수록 전문성은 낮아지며 선택받기는 더욱 힘들어지게 된다.

창업을 하려면 가장 먼저 자신의 경쟁우위가 무엇인지 고려해야 한다. 실제로 무엇인가를 특별히 못해서 망하는 식당은 없다. 무엇인가 특별히 잘하는 것이 없기 때문에 망한다. 이는 모든 창업 아이템에 적용된다.

따라서 전문가가 되어야 한다. 전문가만이 선택권을 가질 수 있으며, 선택권을 가질 수 있기 때문에 낮은 비용으로 문제를 해결하기 원하는 사람, 즉 수익이 되지 않는 사람을 배제할 수 있다. 즉 전문가만이 노력 대비 더욱 높은 수익을 창출할 수 있는 것이다.

프랜차이즈를 고려한다면
세 가지를 확인하라
—

전문성을 키우기는 쉽지 않은 것이 사실이다. 따라서 사람들은 프랜차이즈를 선택하기도 한다. 프랜차이즈로 창업한다고 해도 성공할 수 있다. 다만 몇 가지 고려해야 할 것들이 있다.

사실 최근 대부분의 창업 아이템은 프랜차이즈화 되어 있다. 가맹사업자를 모집하고, 가맹본사는 가맹사업자의 성공을 돕는 구조다. 그러나 프랜차이즈 중 일부는 가맹본사에만 유리한 조건이다. 프랜차이즈로 창업한다고 해도 몇 가지 사항을 살펴봐야 한다.

우선, 단지 창업 아이템이 좋거나 가맹본사가 좋다고 선택하면 안 된다. 창업자의 적성을 고려해야 한다. 프랜차이즈를 찾는 대부분은 그저 프랜차이즈 본사에 의지하려고 한다. 의지하려는 마음이 생기는 이유는 자신의 전문성이 떨어지기 때문이다. 그러나 창업은 실전이다. 그 누구도 도와줄 사람이 없다. 본사가 가맹점의 성공을 도울 수 있지만 100% 성공시켜 줄 수는 없다.

예를 들어, 요식업 프랜차이즈에 가맹한다고 치자. 그런데 가맹점주가 주방에 한 번도 가본 적이 없는 사람이라면 어떻게 식당을 운영하겠는가. 성공하는 대부분의 가맹점은 점주가 창업하기 전에 직접 주방에서 일을 해봤다는 공통점이 있다. 식당에서 가장 중요한 것은 요리다. 요리는 주방에서 만든다. 주방을 장악하지 못하면 성공할 수 없다. 아주 단순하다. 그러나 이런 생각조차 하지 않는 예비 창업자들이 허다하다.

두 번째는 가맹본부는 표준화된 공급시스템에 의해 원재료를 공급한다. 이게 가맹본부의 주된 업무다. 마케팅과 점주 교육을 진행하기도 하지만 부수 업무에 불과하다. 가맹점주가 성공할 수 있도록 1:1 배정으로 몇 개월 이상 봐줄 수 있는 프랜차이즈는 없다. 단지 몇 번 들러 컨설팅하고 조언하는 게 전부다. 개업 전 본사 또는 지사 담당자 방문 횟수와 개업 후 본사 담당자 방문 횟수를 비교하면 금방 알 수 있다.

사실 오픈 전보다 오픈 후가 더 중요하다. 그러나 오픈 후에 지속적으로 높은 매출이 나오도록 하는 것은 가맹본부의 역할이 아니라 가맹사업자의 역할이다. 다시 말해 창업자가 직접 해야 하는 일이다. 그리고 성공할 수 있는 대부분의 역할은 가맹점주가 하는데 수익의 상당 부분은 가맹본부가 가져간다는 점도 고려해 봐야 할 점이다.

세 번째는 가맹본부의 자본 여력을 봐야 한다. 가맹점주가 아무리 잘 운영한다고 해도 가맹점 자체가 망할 수 있다. 사실 프랜차이즈는 공정거래위원회에서 정한 규정에 부합하면 운영이 가능하다. 때문에 자본 여력이 부족한 프랜차이즈 본사가 너무나 많다.

최소 3년은 창업한 가맹점과 폐업한 가맹점 수를 파악해야 한다. 이를 통해 본사의 지원 정도를 가늠할 수 있기 때문이다. 또한 본사의 자본도 충분한지 반드시 살펴봐야 한다. 가맹본사가 폐업하면 그동안의 노력이 모두 물거품이 될 수 있다.

참고로 가맹본부의 기업 정보가 담긴 정보공개서를 가맹 계약 2주 전까지 가맹 희망자에게 제공하게 되어 있다. 또한 공정거래위원회 사이트를 통해서도 열람이 가능하다.

프랜차이즈를 선택하든, 혹은 창업자가 직접 브랜드를 만들든 가장 큰 문제는 트렌드다. 트렌드에 맞는 프랜차이즈, 혹은 브랜드면 성공 확률이 높아진다. 사실 돈을 벌어다 주는 것은 트렌드이기 때문이다.

사람이 모이는 곳에는 돈도 모인다. 과거 10년 전만 해도 등산복 브랜드는 거의 없었다. 그러나 최근 의류업계에서 돈이 되는 것은 등산복뿐이라는 말을 한다. 캠핑이 유행하자 자동차도 SUV가 잘 팔린다. 캠핑을 갈 때 많은 장비를 챙겨 가려면 세단의 트렁크로는 부족하기 때문이다. 캠핑 트렌드로 유통업계도 변화가 생겼다. 식료품 매장에는 캠핑 장소에서 먹을 고기는 물론 꼬치구이가 많이 팔린다.

스마트폰의 등장으로 IT 업계 트렌드도 완전히 바뀌었다. 스마트폰이 없던 시기에는 폰뱅킹으로 자금 등을 이체했다. 인터넷뱅킹이 있었지만, 컴퓨터 앞에서만 할 수 있었다. 반면 최근에는 폰뱅킹을 사용하는 사람은 거의 없다. 스마트폰 앱으로 인터넷뱅킹을 쉽게 이용할 수 있기 때문이다.

증권사의 주식 거래도 과거 HTS가 스마트폰 안에서 구현 가능하다. 언제 어디서나 시세를 확인할 수 있고, 즉시 매도·매수할 수 있다. 물론 관련 기업의 뉴스 등 정보를 찾아보는 것도 스마트폰에서 할 수 있다.

앱카드도 등장했다. 카드사에서 발급하는 앱을 다운받으면, 카드 없이 스마트폰으로 결제가 가능하다. 심지어 과거 설계사를 통해서만 가입할 수 있었던 보험도 이제 스마트폰으로 가능하다.

따라서 창업을 하려면 트렌드가 어느 방향으로 흐르는지 명확히 파악해야 한다. 물길을 타고 함께 가는 것은 쉽다. 그러나 물길을 거슬러 올라가는 것은 어렵다. 창업 성공도 이와 같다. 최고의 전문성을 확보했다면, 그 분야에 대해 독보적이라면 트렌드를 거슬러도 괜찮다. 하지만 그런 것이 아니라면, 반드시 트렌드를 확인해야 한다. 그리고 그 트렌드에 맞는 아이템을 찾아야 한다.

새로운 규칙을 만들면
전문가가 될 수 있다
—

다시 전문성에 대한 얘기로 돌아가 보자. 독보적인 전문성을 지녔다면 트렌드를 크게 신경 쓸 필요는 없다. 그러나 '독보적'이라는 단어는 극소수에게만 허용되는 단어다. 따라서 트렌드 변화를 강조하는 것이다. 전문성을 확보하지 못한 상태에서 트렌드에 맞는 아이템을 결정했다면 다시 전문성을 찾는 방법을 고민해야 한다.

많은 사람들이 전문성은 특별한 지식이나 능력이 있어야 되는 것으로 생각한다. 그러나 전문가가 되는 것은 사실 그다지 어렵지 않다. 축구를 보면 11명이 한 팀을 이뤄 승부를 낸다. 손을 제외한 모든 신체 부위를 사용할 수 있다. 골키퍼만 손까지 포함한 모든 신체부위를 사용할 수 있다. 축구 시합을 하기 위한 경기장의 크기는 가로 105미터, 세로 68미터이다. 공이 라인 밖으로 나가면 선수는 드로잉을 할 수 있으며, 심한 반칙을 할 경우 한 번의 경고를 받고, 두 번째 경고를 받으면 퇴장당한다.

야구를 살펴보자. 각각 9명이 팀을 이뤄 승부를 내며, 야구 배트를 사용해 투수가 던진 공을 처낼 수 있다. 처낸 공이 땅에 떨어지기 전에 잡으면 아웃이며, 베이스를 밟고 있지 않은 공격자를 야구공으로 터치할 경우에도 아웃이 된다. 이 외에도 많은 규칙들이 있다.

이처럼 모든 스포츠는 그 종목만의 규칙이 정해져 있다. 그러나 조금만 더 생각해 보자. 스포츠의 규칙은 누가 정했는가? 아마 해당 스포츠를 만든 사람이거나 해당 스포츠에 많은 영향력을 미치고 있는 사람일 것이다. 다시 말해, 스포츠의 모든 규칙은 바로 사람이 규정한 것이다. 지금은 이미 너무 확고하게 자리 잡혀 있기 때문에 쉽게 바꿀 수 없다. 하지만 그 규칙을 만들 당시에는 수많은 의견과 갈등이 오갔을 것이다. 조금 다르게 표현한다면, 지금 우리가 따르고 있는 스포츠의 규칙들은 모두 협상의 결과다.

스포츠가 아닌 경제 현상의 룰은 누가 정한 것일까? 백화점에는 수많은 상품들이 진열되어 있다. 정찰제이기 때문에 가격표에 붙어 있는 가격 그대로 지불하고 구입해야 한다. 재래시장의 경우에도 수많은 상품이 진열되어 있다. 대부분의 상품은 가격이 정해져 있다. 그러나 재래시장에서 상품을 구입하는 사람들은 물건값을 그대로 주려고 하지 않는다. 10원이라도 저렴하게 사기 위해서 상점의 주인과 협상을 벌인다.

다시 한 번 생각해 보자. 백화점 상품의 경우 가격은 누가 정했는가? 그 상품을 만든 회사의 사람들이 정한 것이다. 정찰제라는 규칙도 사람이 정한 것에 불과하다. 사람들이 당연히 받아들이고 있는 거의 모든 것들은 결국 원론적으로 따진다면 협상에 의해 만들어진 것이다. 헌법의 경우도 오랜 시간 동안 누적되어 온 협상의 결과이며, 세금도 협상의 결과다.

세상은 먼저 자신만의 길을 만든 사람들이 자신만의 룰을 만들었으며, 만들어진 길을 따라서 걷고 있는 사람은 그 규칙에 따라서 길을 걷는 것이다. 고속도로를 건설하기 이전에는 고속도로를 어떤 코스로 건설할 것인가를 여러 전문가들이 협상했을 것이다. 세상 대부분의 규칙들은 고속도로를 놓는 과정과 같다. 생기기 이전에 많은 논의와 협상을 거쳐서 그렇게 만들어진 것에 불과하다.

그 누군가가 했다면 나 역시 나만의 규칙을 만들고, 그 규칙에 따라 다른 사람이 걷도록 할 수 있다. 그 규칙을 만드는 방법은 어떤 한 분야의 전문가가 되는 것이다. 새로운 분야를 만들면 나만의 규칙을 만들기가 더욱 쉬워질 것이다. 새로운 규칙이나 새로운 분야를 만드는 건 결코 어려운 일이 아니다.

지금까지 나는 수많은 '무한 리필' 음식점을 다녔다. 그러나 단 한 번도 '파전 무한 리필', '주중 극장 영화 무한 리필'은 듣지도 보지도 못했다. 쉽게 말해 아직 '무한 리필' 개념을 도입하지 않은 음식 종류가 많다. 각종 전은 물론이며, 찌개류 무한 리필도 보지 못했다. 또한 무한 리필 개념을 아예 도입하지 않은 분야도 있다. 주중 낮에 극장은 항상 자리가 남는다. 조조부터 직장인들이 퇴근하는 오후 6시 이전까지 '무한 영화 티켓'을 구매하면 시간에 맞춰 두 편이든 세 편이든 보게 하는 것도 좋은 방법이다. 조금만 새로운 시도를 해보면 그 분야의 독보적인 존재, 즉 전문가가 될 수 있는 것이다. 이 정도로 쉬우면 한 번 해볼 만하지 않은가?

—

열심히만 해서는 어떻게 하든
가난을 면하지 못한다

—

　　　　　　창업을 하려면 그저 '열심히' 하는 것이 아닌 '잘'해야 한다. 자신이 선택한 길을 걷게 되면 만족감을 느끼게 된다. 그러나 그것보다 더욱 중요한 것을 깨닫게 된다. 단지 '열심히' 하기 위한 삶을 사는 것이 아닌, '잘'하기 위한 삶을 살게 되는 것이다.

　대부분의 사람들은 참으로 열심히 살아간다. 저녁 늦게까지 할당된 업무를 끝내기 위해서 야근을 하고 돌아와서 대충 씻고 자녀들 얼굴 잠깐 보고 그리고 눈을 뜨면 다시 출근을 준비하는 생활을 한다. 자신이 생각하기에는 누구보다 열심히 일하며, 누구보다 바쁜 삶을 살고 있는 것이다. 또한 더 나은 직장으로 이직하기 위해 시간을 쪼개서 학원에 다니기도 하며, 출퇴근 시간에도 영어회화를 더 잘하기 위해 이어폰을 꽂고 있다. 대부분의 사람들은 쫓기듯 바쁘게 살고 있는 것이다. 그런데 이처럼 바쁘게 살아도 주택담보대출금의 이자도 막기 빠듯하며 생활비를 대기도 벅차다. 그리고 이런 것이 평균적인 생활이라고 믿으며 살아간다. 다시 말해, 열심히 살고 있는 사람들의 생활이라 생각하는 것이다.

그러나 세상은 '열심히' 하는 사람들에게 그들의 노력만큼 보상하지는 않는다. 대신 '잘'하는 사람들에게 보상한다. 생각해 보라. 박지성 선수나 김연아 선수 같은 사람들은 단지 열심히 해서 지금의 명성과 부를 차지한 것이 아니다. 그들은 잘했기 때문에 지금과 같은 위치에 올라설 수 있었던 것이다. 대부분의 스포츠에서 1등과 2등의 상금 차이는 엄청나다. 그리고 언론에 비춰지는 모습도 다르다. 조금 더 '잘한' 사람에게 모든 시선이 집중된다. 1등이 2등보다 두 배 더 운동능력이 좋은 것은 아니다. 실력의 차이는 아주 미미하다. 그러나 세상은 조금 더 잘하는 사람에게 큰 보상을 한다.

시장에서 만 원이면 살 수 있는 가방이 있는 반면, 몇 백만 원 혹은 몇 천만 원을 주고도 살 수 없는 핸드백도 존재한다. 이런 핸드백 제조업체의 직원들은 모두 열심히 일할 것이 분명하다. 그러나 열심히 하는 것과 잘하는 것은 조금 다른 문제다. 문구점에서 구입할 수 있는 200원짜리 볼펜과 백화점 명품관에서만 구입 가능한 만년필의 차이가 성능에만 국한된 것은 아니다. 볼펜과 만년필을 만드는 회사 임직원들은 모두 열심히 일하고 있다. 그러나 누가 펜을 더 잘 만드는 것인가의 물음에 대한 대답은 한쪽으로 기울 것이다. 때문에 아주 조금 더 노력하고 내가 하는 일을 '잘'할 수 있도록 해야 한다.

'잘'하기 위해서 겪어야 하는 과정에 '열심히'의 과정이 포함되어 있다. 열심히 하고 난 이후에 잘할 수 있다. 박지성 선수나 김연아 선수, 그리고 '잘' 하고 있는 세상의 모든 사람과 모든 브랜드들은 '열심히' 하는 과정을 거쳤다. 열심히 했기 때문에 자신이 어떤 부분에 강점이 있으며, 어느 부분을 보완하고 어느 부분은 더욱 발전시켜야 할지 찾아

냈던 것이다. 따라서 지금 하고 있는 일을 잘하기 위해서는 우선 최선
을 다해서 해야 한다.

그러나 단지 열심히 한다고 해서 되는 것은 아니다. 세상은 아무리
열심히 해도 보상의 가치가 정해져 있는 일도 있기 때문이다. 만약 당
신이 화물차 운전자라고 가정해 보자. 당신의 운전 실력은 그야말로
대단하다. 어렸을 때부터 자동차를 알았다면 카레이싱 선수가 되었어
도 손색이 없을 정도이다. 이처럼 운전 실력이 출중하기 때문에 다른
화물차 운전자가 5시간이 걸릴 업무를 4시간에 해결할 수 있다. 분명
이는 자신의 일을 '잘'하기 때문에 가능한 것이다. 그러나 세상은 이런
화물차 운전자에게 큰 보상을 하지 않는다. 운전을 '잘'하는 한 명에게
큰 보상을 하는 대신 평범한 사람을 두 명 고용하면 되기 때문이다.
다시 말해, 지금 하고 있는 일을 아무리 잘한다고 해도 다른 사람과
아주 쉽게 대체가 가능하다면 세상은 잘하는 사람에게 보상의 규모를
축소시키는 것이다.

'열심히' 하는 것과 '잘하는 것 이외에도 생각해 봐야 하는 것이 더
있다. 그것은 바로 '어떻게'와 '어떤 것'의 차이이다. 많은 사람들은 평
범한 상품을 '어떻게' 판매해야 더 많은 수량을 주문받을 것인지를 고
민한다. '어떻게' 해야 일을 더 잘할 것이며, '어떻게' 해야 주목을 끌 수
있을지 생각하는 것이다. 예를 들어 치킨이나 감자탕과 같이 평범한
음식점을 창업한 사장이라고 하자. 그들은 개업 초기에 사람들의 이
목을 끌기 위해서 어떻게 해야 하는지 고민한다. 따라서 다른 음식점
사장들이 했던 것과 비슷한 이벤트를 진행한다. 그러나 사람들은 그
다지 관심을 갖지 않는다. 비슷한 방식을 많이 접하면 접할수록 관심

이 적어진다. 이런 현상은 음식에 단맛을 내기 위해 설탕을 어떻게 넣어야 할지를 고민하는 것과 같다. 즉 '어떻게'를 고민하는 것은 경쟁 음식점들과 크게 차이를 내지 못하는 것이다.

따라서 '어떤 것'을 해야 할지를 먼저 고민해야 한다. 만약 당신이 판매하고 있는 음식이 쉽게 접할 수 없는 음식이라고 가정하자. 혹은 쉽게 접할 수 있는 음식인데 새로운 '어떤 것'을 첨가해서 더욱 맛있어진 음식이라고 생각하자. 그러면 굳이 어떻게 해야 조금 더 나아질 것인지를 고민하지 않아도 된다. 이미 다른 음식점과 차별성이 주어졌기 때문이다.

많은 사람들은 단지 '어떻게' 하면 더 '열심히' 할 것인지 고민한다. 그러나 정답은 그곳에 있는 것이 아니다.

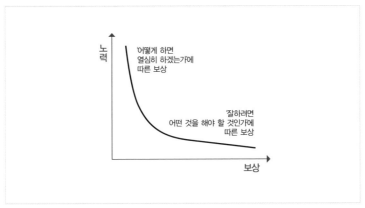

세상은 단지 열심히 하는 사람에 대해 보상하지 않는다. 모든 사람이 열심히 하고 있기 때문에 열심히 하는 것은 차별성을 만들어내기 힘들다. 따라서 잘하는 사람에게 많은 보상을 준다. 아울러, 어떻게 하면 잘할 것인가를 고민하기에 앞서 어떤 것을 하면 잘할 것인가를 고민해야 한다.

만약 회사원이라면 CEO의 업무를 눈여겨보기 바란다. 대부분의 CEO들은 열심히 일한다. 그러나 그보다 지금 하고 있는 일을 잘했기 때문에 CEO의 반열에 오를 수 있었던 것이다. 그리고 그들은 남들이 다 할 수 있는 일을 어떻게 하면 더 잘할 것인가에 대한 고민보다 어떤 것을 하면 더 잘될 것인가를 고민한다. 때문에 더러는 그들이 많은 시간을 그냥 빈둥댄다고 생각한다. 그러나 만약 빈둥대면서 '어떤 것'을 '잘'할 것인지 고민하지 않는다면, 아마 그 기업은 조만간 난관에 부딪힐 것이 분명하다. 즉, 그들은 열심히 하기보다 잘하는 것의 중요성을 알기 때문에 지금의 위치에 오른 것이며, 잘하려면 어떤 것을 해야 하는지 고민하는 시간이 많기 때문에 빈둥거리는 것처럼 보일 뿐이다.

화물차 운전자는 아무리 운전을 잘해도 임금을 조금 올려 받을 수 있을 뿐이다. 정말 딱 그 정도다. 그러나 '어떤 것'을 하면 '잘할 것인가를 고민하기 시작하면 한순간에 많은 것을 변화시킬 수 있다. 자신만이 갖고 있는 아이디어를 실천하는 것은 대체가 불가능하기 때문이다. 손끝에서 시작된 아이디어 하나가 삶의 모습을 송두리째 바꿀 수 있는 것이다.

두려움을 깨지 못하면
창업도 못한다
—

앞에서 우리는 학교에서 두려움에 대해 배웠다고 설명했다. 이런 모습은 인간의 본성이기도 하다. 심리학자들은 사람들은 일반적으로 긍정적인 것보다 부정적인 것에 더 연연해 한다는 것을 밝혔다. 일례로 '영어 가정교육' 웹사이트에서 감정을 나타내는 단어를 순서대로 24개 나열했더니, 그중 18개가 부정적인 단어였으며 6개만이 긍정적인 단어였다.

뉴스를 보면 부정적인 내용이 훨씬 더 많다. 그것이 시청자들의 관심을 더 쉽게 사로잡기 때문이다. 실제로 나쁜 사건을 찍은 사진과 좋은 사건을 찍은 사진을 보여주었을 때, 나쁜 사진을 더 오랫동안 보았다. 또한 주변 사람에 대해 좋지 않은 이야기를 들려주면, 칭찬을 했을 때보다 더욱 많은 관심을 보인다. 현재 가지고 있는 것 이상을 얻는 것의 기쁨보다 조금이라도 잃지 않기 위해 애쓰는 것이 인간의 본성이기 때문에 이와 같은 현상이 나타난다.

우리가 알을 깨지 못하고 지금과 같은 현실에 안주하며 창업하기 두려워하는 이유는, 지금까지 부정적인 것을 회피하라고 배웠기 때문이다. 또한 본성이 긍정적인 것보다 부정적인 것에 더 민감하기 때문이다. 그러나 세상의 많은 혜택을 보고 있는 소수의 사람들은 이와 다른 것을 배운다. 바로 특별해지는 방법이다.

두 명의 사령관이 있다. 둘 다 전쟁에서 승리하기 위해 부대를 훈련시키는 임무를 맡았다. 그런데 한 사령관은 전쟁을 대비해 매일 강인한 훈련을 시켰다. 그래서 병사들의 불평과 원성이 높았다. 반면 다른 사령관은 거의 매일 휴식과 여흥을 베풀었다. 당연히 인기가 좋은 사령관이 될 수밖에 없었다. 부대원을 대상으로 한 만족도 조사에서도 항상 1등을 차지했다. 그런데 어느 날 실제 전쟁이 터졌다. 강한 훈련을 시켰던 사령관의 부대는 병력 손실이 거의 없이 완승했다. 그러나 매일 편안한 시간을 보냈던 사령관의 부대는 완패하고 말았다. 이후 힘든 훈련을 시킨 사령관의 인기는 하늘을 찔렀지만, 전쟁 이전에 항상 높은 인기를 누리던 사령관은 문책을 받을 수밖에 없었다.

그런데 대부분의 사람들은 문책을 받은 사령관처럼 행동하기를 원한다. 사람은 원래 불편한 데서 편안한 쪽으로 움직이려 하고, 새롭고 도전적인 것을 피하려는 경향이 있다. 지금 당장의 안정과 편안함을 도전과 두려움보다 소중하다고 생각하는 것이다.

일찍이 나폴레옹은 이렇게 말했다. "오늘 나의 불행은 언젠가 내가 잘못 보낸 시간의 보복이다." 사람들은 자신의 불행에 대해 흔히 남보다 못한 환경을 탓하거나, 주변 누군가의 방해와 잘못 때문이라고 생각한다. 혹은 지독히도 운이 없어서 그런 것이라고 치부해 버리는 습성이 있다. 그러나 내일 부딪히는 어려움은 어제와 오늘 보냈던 시간의 결과물이다.

그러나 안정을 버리고 도전하는 것은 그다지 어려운 것이 아니다.

다만 매일 조금씩 실천하다 보면 변화의 폭이 증가하게 되는 것이다. 다이어트를 예로 들어보자. 다이어트 결심은 곧 목표를 세우는 것이다. 매월 1킬로그램씩 감량해서 6개월 후에 6킬로그램을 줄인다는 식이다. 그리고 식이요법과 운동을 병행한다. 그러나 우리의 몸은 항상성을 가지고 있다. 항상성恒常性을 다른 말로 자동정상화장치라고도 한다. 생물체는 외부 환경과 내부 변화에 대응하여 순간순간 일정한 환경을 유지하려 한다. 쉽게 말해 '항상' 지금의 모습을 유지하려고 하는 성질이다. 살이 한순간에 10킬로그램 증가할 수 없었던 것처럼, 다이어트도 한순간에 목표에 도달할 수 없다. 게다가 사람은 언제나 편안한 것을 추구하기 때문에 억지로 운동하는 것을 무의식이 달가워할 리 없다. 그러나 지속적으로 살을 빼겠다는 의지를 가지면 조금씩 조금씩 목표로 다가갈 수 있다.

도전도 다이어트와 별로 다르지 않다. 아니 다이어트도 하나의 도전이라고 할 수 있다. 편안함만을 위해 비만한 몸을 유지한다면 건강에 적신호가 오는 것처럼 안정을 위해 도전하지 않는다면 언젠가 인생에 적신호가 올 것이 분명하다.

내 경우도 마찬가지였다. 2003년 신용카드 대란 당시 부모님께서는 카드 돌려막기를 할 정도로 부채가 커졌다. 결국 파산을 경험할 수밖에 없었다. 내가 창업 시장에 관심을 갖게 된 결정적인 이유도 바로 다른 선택 방법이 없었다는 점이다. 직장 생활로 부채는커녕 부채에 대한 이자도 감당할 수 없었다.

따라서 대학 휴학 후 방학캠프 회사에 입사했다. 월급은 소액이었다. 다만 캠프 성공에 따라 매출액의 일부를 인센티브로 받는 조건이었다. 당시 한창 인기가 있었던 영어캠프, 자기주도학습캠프 등을 기획해 학생들을 모집했다.

이런 캠프들은 이전에 있었던 다른 캠프들과 크게 차별성이 없다. 나는 이런 캠프를 국내 유수의 대학과 연계했다. 부모님의 높은 교육열과 좋은 커리큘럼 그리고 인지도 높은 대학과 연계하니, 다시 말해 명확한 경쟁우위를 찾으니 당시 기획했던 캠프들은 연일 만원이었다.

나 역시 변화할 수밖에 없었기 때문에 변화한 것이다. 이런 성공 노하우를 체득하기 시작하면서, 이후 경쟁우위를 찾을 수 있다면 무엇이 되었건 변화하고 조합하려고 노력했다. 이런 노력이 결국 여러 번의 작은 성공을 불러왔다.

결국 성장을 하려면 변화가 필요하고 변화하려면 용기가 필요하다. 그리고 그 용기를 모아 도전 목표를 향해 힘껏 달려 나갈 결단이 필요하다. 결단까지 했다면 기회가 주어진다. 그리고 기회는 성공을 향한 길을 열어준다. 지금 당장이 편하다고 머물고 있는 곳에 안주하고 있다면, 조만간 시간이 당신에게 복수할 것이 분명하다.

물론 도전하는 것은 두렵다. 게다가 우리는 어렸을 때부터 타인에게 모범을 보일 정도로 순응하라고 배웠다. 그냥 그 자리에 있다가 다른 사람이 만들어 준 자리로 살짝 옮겨가는 것이 더 편하다. 이런 것이 사람의 본성이다. 그러나 지금 자리에 가만히 있으면 언젠가 자신도 밀려날 것이라는 것을 막연히 느끼고 있을 것이다. 때문에 현실을 부정하며, 다른 사람을 탓하며 결단을 내리지 못한다. 고민만 쌓이는 것이다. 그러나 고민은 어떤 일을 선택하는 데서 생기는 것이 아니다. 선택을 할 것인지 말 것인지 망설이는 데서 생긴다. 두려움을 없애는 가장 좋은 방법은 두려움을 향해 뛰어드는 것이며, 고민을 해결하는 가장 쉬운 방법은 고민의 해결책을 찾기 위해 도전하는 것이다. 망설이기보다는 불완전한 상태로 선택하는 것이 향후 더욱 안정적인 자신을 만들어줄 것이 분명하다.

얼마 전 마라톤 금메달리스트인 황영조 선수의 강의를 들었다. 그가 금메달을 딴 이유는 세 가지라고 강조했다. 그것은 바로 많이 먹고, 많이 자고, 많이 뛰었기 때문이란다. 덕분에 자신의 최고 기록이 조금씩 줄어들었고, 그 기록을 더 줄이기 위해 더 많이 먹고 더 많이 자고 더 많이 뛰었다고 한다. 즉, 그는 잘 뛰기 위해 많이 고민하고, 많이 즐기고, 많이 쉬지는 않았던 것이다. 성공한 사람들의 인터뷰를 보거나 책을 보면 공통점은 분명하다. 지속적으로 도전한 것이다. 세상의 기준에 도전한 것이 아니라, 자기 자신의 기준에 도전한 것이다.

창업은 다이어트를 하기 위해 결심하는 것과 같다. 아니 다이어트가 어렵다면, 더 쉬운 것을 생각하자. 아침에 일찍 일어나기, TV 시청 시간 줄이기 등 그 어떤 소소한 것이든 상관없다. 지금 상태에 작은 변화를 주는 것들은 모두 도전이다. 그런 작은 것들이 쌓여 큰 변화를 불러오기 때문이다. 창업을 염두에 두고 조금씩 준비해야 창업해서 성공할 수 있다.

평생 안정을 찾기 위한 방법은 회사원으로 남는 것이 아닌 창업으로 자신의 인생 주인공이 되는 것이다.

—
인생의 운전대를 잡기 위한
세 가지 방법
—

회사원 대부분은 출근하기 싫어한다. 꿈은 자신만의 회사를 차리는 것이라고 한다. 그러나 이런 말을 하는 사람들 중 대부분은 그저 회사원으로 남을 뿐이다. 우리가 창업을 실천하지 못하는 이유는 어디로 가는지도 모른 채 자동차의 뒷자리에 앉아 있기 때문이다. 즉, 남이 이끄는 삶을 살고 있기 때문이다. 운전석에 앉아 어디로 갈 것인지 명확하게 생각한다면 창업이 좀 더 쉬울 것이다.

변화해야 할 것은 세 가지다.

첫 번째, 뒷자리에 앉아 있는 이성에게 동기를 부여하는 것이다. 우리는 이성이 본성을 지배한다고 생각한다. 그러나 꼭 그런 것만은 아니다. 의지력이 아주 강해야만 이성이 본성을 지배할 수 있다. 우리는 더욱 건강해지기 위해서 금연을 결심하고도 쉽게 실천하지 못한다. 다이어트를 결심하고도 음주를 하며, 운동을 힘들어한다. 더 많은 것을 공부해야 한다고 느끼면서도 TV를 보거나 인터넷 서핑을 즐긴다. 따라서 이성이 본성을 지배할 수 있을 정도의 강한 동기를 부여해야 한다. 그 동기란 바로 자신의 선택권을 다시 찾아오는 것이다.

두 번째, 현재 운전대를 잡고 있는 본성에게 자리를 양보하라고 부탁하는 것이다. 본성은 편한 상태를 유지하고 싶어 한다. 안락과 즐거움만을 추구한다. 대부분의 사람들의 이성은 뒷자리에 앉아서 창문 밖을 바라만 보면서 운전을 하는 본성에게 불만만 늘어놓고 있을 뿐이다. 따라서 본성에게 자리를 양보해 달라고 부탁해야 한다. 그래야만 본성이 움직이고 싶은 방향으로 끌려가지 않을 수 있다.

 마지막으로 내비게이션을 켜는 것이다. 어디로 가는지 정하지도 않고 원하는 곳에 도달할 수는 없다. 따라서 자신이 어디로 가고 싶으며, 그 길로 어떻게 가야 하는지 안내해 줄 내비게이션을 켜야 한다.

 그런데 자기가 가고 싶은 곳을 정하고 내비게이션을 켠다고 해도 불안하다. 사람의 인생은 실제 도로와 다르기 때문이다. 모든 사람은 자신만의 길을 개척한다. 지금까지 해봤던 일이 아니라면 늘 초행길이다. 초행길을 운전하는 것은 두렵다. 언제 급커브가 나올지 예측할 수 없으며, 간혹 예기치 못한 돌발사태가 발생할 수도 있다. 그러나 인생 초행길을 간다고 해도 사실 사고가 발생할 확률은 높지 않다. 기껏해야 잘못된 길로 잠시 접어들 뿐이다. 이럴 경우 다른 사람에게 길을 물어보거나, 내비게이션을 재설정하면 된다.

 세계적인 비즈니스 컨설턴트이자 전문 강사인 브라이언 트레이시는 세계 80여 개국을 여행하면서 아주 중요한 한 가지 깨달음을 얻었다고 한다. 그것은 바로 단 두 개의 단어만 알면 언어가 통하지 않아도 여행하는 데 큰 어려움이 없다는 것이다. 이 신비의 두 단어는 바로 '부탁합니다'와 '감사합니다'이다.

 이 두 단어를 해석하면 바로 '요청'과 '보답'이라고 말할 수 있다. 즉,

무엇인가를 요청하고 그에 대한 보답으로 감사의 마음을 전하는 것이다. 인간관계의 핵심은 바로 이것이며, 그중에서도 질문은 요청에 해당한다. 질문을 하면, 즉 고객에게 대답을 요청하면 고객은 요청에 따라 대답한다. 따라서 질문은 결국 요청을 잘하기 위한 방법이다. 그런데 많은 사람들은 자신의 의도가 들통 날까봐 혹은 안 좋은 인상으로 기억될까 두려워서 혹은 이런저런 핑계로 고객에게 요청하는 것을 두려워한다.

아주 간단하면서도 짧은 질문을 통해 이런 두려움을 극복할 수 있다. 이 질문은 자신에게 하는 질문으로, 단순한 세 가지 질문을 통해서 모든 두려움을 이겨낼 수 있다. 창업하기 전에 자신의 결정이 옳은지 망설여진다면 이런 질문을 던져보자.

1. 부정적인 대답을 들었을 때 일어날 수 있는 최악의 상황은 무엇인가?
2. 긍정적인 대답을 받았을 때 일어날 수 있는 최선의 상황은 무엇인가?
3. 긍정적인 대답을 들었을 때의 이익이 부정적인 대답을 들었을 때의 불리함보다 큰가?

이런 질문에 대한 대답을 더욱 쉽게 확실히 얻는 것은 직접 종이에 생각하는 답을 적는 것이다. 그렇게 하면 고민의 시간을 획기적으로 줄일 수 있다. 아마 고민하는 문제에 대해 이런 질문을 자신에게 던져보고 노트에 적어본다면, 대부분의 질문에서 긍정적인 방법을 도출할

수 있을 것이다. 그렇다면 해야 할 다음 질문은 어떻게 실천할 것인가
에 대한 질문뿐이다!

목적지는 명확할수록
유리하다

—

대형식료품점에서 한 실험이 행해졌다. 고객을 상대로 잼을 마음껏 시식하게 한 후 어떤 결정을 내리는지 알아보기 위한 실험이었다. 첫 번째 실험에서는 여섯 종류의 잼을 준비했다. 사람들은 여섯 종류의 잼을 맛보았으며, 그에 따라 구매를 결정했다. 두 번째 실험에서는 잼을 무려 스물네 종류나 준비했다. 여섯 종류의 잼을 준비했을 때보다 더 많은 사람들이 몰려들어 시식을 했고, 구매로 이어졌다. 그러나 어느 정도 구매를 했는지 그 결과를 보니 예상과는 달리 여섯 종류의 잼만을 준비했을 때 무려 10배나 더 많이 판매되었다.

인디언의 성인식은 참으로 재미있다. 성인식을 치르는 아이들은 옥수수 밭에 들어가 가장 탐스럽게 열린 옥수수를 하나 따서 돌아오면 된다. 규칙은 두 가지다. 반드시 한 번만 옥수수를 딸 수 있으며, 다시 되돌아갈 수 없다. 즉, 계속 나아가면서 가장 탐스러운 옥수수를 단 한 번만 꺾어야 하는 것이다. 대부분의 인디언들은 마지막까지 결정을 미루다가 밭이 끝날 지점이 되어서야 부랴부랴 결정을 한다. 따온 옥수수를 보면 탐스러운 것과 거리가 먼 것들이다. 이렇게 보잘것없는 옥수수를 따오는 이유는 넓은 옥수수 밭을 지나오면서 좋은 옥수수들을 많이 봤지만 더 맛있어 보이는 옥수수가 있을 것이라는 믿음으로 계속 결정을 미루기 때문이다.

또 다른 예를 살펴보자. 지난 2006년 재테크 열풍이 불었을 때 대부분의 사람들은 펀드에 대해 정확히 알지도 못하면서 펀드에 가입했다. 그러나 펀드에 가입한 방법을 살펴보면 재미있는 점을 발견할 수 있다. 펀드가 무엇인지 정확하게 모르는데도 덩달아 가입한 사람들은 그저 전문가라고 생각되어지는 사람이 추천한 상품에 가입했다. 그 상품의 정확한 투자처가 어딘지, 수익은 어떻게 발생하며 위험은 어느 정도인지 파악하지 못했으면서도 가입을 하는 것이다. 그러나 그와 반대로 냉장고를 사거나 세탁기를 살 때에는 더욱 많은 고민을 한다. 자신이 잘 알고 있는 것에 대해서는 꼼꼼히 살펴보지만, 자신이 잘 알지 못하는 것에 대해 결정할 때는 타인이나 전문가의 권위에 따르게 되는 것이다. 금융회사에서 수많은 상품을 만드는 이유도 너무 많은 선택권을 주어 쉽게 결정하지 못하도록 하기 위함이다.

이처럼 사람들은 더러 결정 마비에 걸리게 된다. 결정을 내려야 하는 순간 너무 많은 선택권이 주어지기 때문에 결정을 미루고 현 상태를 유지하는 것이다. 쉽게 생각해 보자. 우리가 백화점에 옷을 사러 갔다면 매우 큰 혼란을 겪게 된다. 각각의 옷이 저마다 어울리기 때문이다. 그러나 사용할 수 있는 비용은 한계가 있기 때문에 쉽게 결정을 내리지 못하고 걸쳐 봤던 옷들을 몇 번이고 다시 걸쳐 보게 된다.

그러나 명확한 목표가 있다면, 결정 마비의 순간을 벗어날 수 있다. 만약 식료품점에 가기 전에 '딸기잼'을 사겠다고 결정했다면, 수많은 잼들이 진열되어 있어도 고르는 데 별로 어려움이 없을 것이다. 1순위로 딸기잼을 구매하면 되기 때문이다. 시식을 했을 때 더 맛있는 잼이 있다면 딸기잼 대신 그것을 구매하면 된다. 옥수수도 마찬가지다. 성인식을 하기 전에 양 손바닥을 합친 것보다 크고 팔뚝보다 굵은 옥수수를 발견하면 그것으로 하겠다는 결정을 내려두면, 선택하는 데 어려움이 없다.

다만, 금융투자의 경우 조금 다른 문제가 발생한다. 금융상품의 경우, 그것에 대해 자세히 아는 데 많은 시간과 지식이 필요하기 때문이다. 그러나 선택에 문제에 있어서는 간단하다. 우리는 태어나면서부터 좋은 옥수수를 고르는 방법을 알았던 것이 아니다. 경험을 통해 어떤 옥수수가 맛있는 옥수수인지 배웠던 것이다. 따라서 자신이 잘 모르는 부분은 계속해서 도전하면 된다. 그것이 좋은 결정을 내릴 수 있는 방법이다.

창업도 마찬가지다. 많은 사람들은 창업 후 성공하려면 가장 먼저 아이템이 좋아야 한다고 생각한다. 하지만 아이템만 좋다고 성공하는 사람은 극히 일부다. 성공하는 사람은 아이템을 선택하는 것이 아니라 자신의 재능 혹은 취미를 선택한다. 자신이 좋아하고 흥미를 가지면서 남들보다 잘하는 것을 선택해 창업 아이템으로 키우는 것이다.

돈을 벌어주는 것은
결국 문화의 흐름이다

세상에는 많은 산이 있다. 그런데 사람들은 보통 유명한 산만 오르려고 한다. 그 산은 의사, 변호사, 판사, 세무사, 대기업 임원, 공무원, 가수, 스포츠 선수 등과 같이 경쟁이 매우 치열한 산이다. 그러나 산은 그 이외에도 무수하게 많다. 아직 아무도 올라가 보지 않은 산도 있으며, 올라가 봤지만 아무도 깃발을 꼽지 않은 산도 있다.

경쟁에서 이겨야 한다는 이야기를 수없이 들으면서 자랐다. '사는 것이 전쟁'이라고 말하지만 그 기준을 스포츠에 두고 있다. 정정당당한 전쟁을 생각해 봤는가? 적군과 맞서면 모두 일대일로 총 한 자루씩을 들고 허허벌판에 서 있다가 휘슬과 동시에 각각 한 발씩 발사하는 것이다. 한쪽이 총에 맞으면 다음 번 병사가 진출해 다시 정정당당히 일대일로 승부를 겨룬다. 만약 총알이 떨어졌다면 잠시 양해를 구한 다음 재장전을 한 후 다시 시작된다. 한쪽에서 10대의 탱크를 보내면 반대쪽에서도 10대의 탱크를 보내야 하며, 10발의 포탄을 쏘면 동등하고 정정당당하게 10발의 포탄을 쏘는 식이다.

이런 전쟁을 상상해 보았는가? 아마 전쟁을 하는 데 있어서 휴머니즘은 생각하지 않았을 것이다. 그저 누가 빨리 정복하고 자원을 최대한 활용하며, 적을 기만하고 약점을 파고들 수 있는 방법들을 찾는 데 혈안이 된다. 상대방을 이기는 것이 진리이며 정의이다. 그렇게 해야, 내가 지켜야 할 동료와 가족들이 평온할 수 있다.

창업 이후는 자기 자신이 주도하는 전쟁을 시작하는 것과 같다. 전쟁과도 같은 자본주의의 경제체제 내에서 어떻게 유리한 고지를 점령해야 할지를 생각해 봐야 한다. 어떻게 하면 선택권을 쥘 수 있으며, 어떻게 하면 경쟁에서 승리할 수 있는지에 대한 방법을 찾아봐야 하는 것이다.

가장 좋은 방법은 아직 점령당하지 않은 고지를 점령하는 것이다. 이미 대기업은 크고 높은 산을 점령했다. 그들은 그들만의 진지를 구축하고 더 넓은 영토를 차지하기 위해 많은 병사들을 거느리고 있다. 따라서 대기업이 차지하고 있는 고지를 쫓아가서는 안 된다. 그들이 선택권을 줄 리 없다. 다만 아직 그 누구도 차지하지 않은 산에 올라야 한다. 다시 말해, 경쟁이 치열하지 않은 곳에 오르거나, 낮은 진지라도 스스로 만들기 위해 노력해야 한다. 창업 틈새시장을 찾아야 한다.

어차피 대기업이라고 해도, 한 사람의 그림자가 길어진 것에 다름 아니다. 대기업도 처음에는 창업자 한 사람이 시작했을 뿐이다. 그 사람의 영향력이 커져 지금과 같은 공룡으로 자라난 것이다. 그들이 했다면 우리도 할 수 있다. 물론 단기간에 그처럼 높고 커다란 산을 점령하고 진지를 구축할 수는 없을 것이다. 그러나 작지만 단단한 영토는 차지할 수 있다.

사실 돈의 흐름은 문화의 흐름과 궤를 같이 한다. 따라서 대기업보다 한발 앞서 문화의 흐름을 탈 수 있다면 창업은 분명 성공할 수 있을 것이다. 대기업보다 앞서 흐름에 올라타지 못했다면 비슷하게 맞춰 가기라도 해야 한다.

일례로 2000년 초반까지만 해도 패션 시장에서 등산복이 지금처럼 대대적으로 유행할 것이라는 사실을 예측한 사람은 없다. 그저 스포츠웨어처럼 기능성 의복 중 하나였다. 그러나 2003년부터 일부 등산복 브랜드가 학생들에게 대대적으로 유행했다. 이때만 해도 이 브랜드는 지금처럼 고가가 아니었다. 등산을 다니는 부모의 옷을 입고 온 것이 유행으로 퍼진 것으로 생각된다. 그러나 일단 아웃도어, 캠핑 등의 문화의 흐름이 생기자 등산복은 대대적인 유행이 되었다. 거의 모든 일상복이 등산복으로 바뀌었다.

만약 이와 같은 문화의 흐름에 올라타 2000년 초반부터 등산복 매장을 오픈한 사람은 어떻게 되었을까? 매장을 몇 개로 늘리고 더 많은 매출을 올렸을 것이다. 즉, 문화의 흐름에 맞게 올라타 높은 수입을 올리고 있는 것이다.

등산복 매장을 오픈한 사람과 스포츠복 매장을 오픈한 사람의 능력의 차이는 거의 없다. 그러나 매출 차이는 엄청날 것이다. 문화의 흐름에 올라탔느냐 그렇지 않으냐에 따라 엄청난 차이가 생기는 것이다.

등산복으로 앞서 설명한 경제체제의 경쟁을 다시 한 번 생각해 보자. 맨 처음 학생들 사이에서 유행한 브랜드는 삼성패션이나 LG패션 등 재벌 대기업에 속해 있지 않았다. 영원무역의 노스페이스였다. 대기업 전문가들도 등산복이 이처럼 유행할지 전혀 예상하지 못했다.

따라서 노스페이스의 유행은 학생들 사이에서 잠시 불었다 사라지는 바람일 것이라 예측했다. 그러나 소득 수준의 증가와 함께 캠핑 등 가족 단위의 힐링 여행 문화가 생기면서 등산복 위주의 아웃도어가 문화 흐름의 중심으로 자리 잡았다.

즉, 영원무역은 삼성이나 LG 등 대기업을 상대로 게릴라 작전을 펼친 것이다. 게릴라 작전이 잘 통하면서 대기업도 무시할 수 없는 세력으로 확장했다. 때문에 의류 대기업들도 아웃도어 브랜드를 신설하고 대대적인 화력을 쏟아붓기 시작했다. 삼성은 기존 빈폴 브랜드에 아웃도어를 접목했고 LG는 신규 브랜드 라퓨마를 런칭했다. 그러나 10여 년이 지난 지금까지 노스페이스보다 앞서고 있지는 않다.

개인이 창업을 하면서 신규 브랜드를 런칭할 수는 없다. 전문성은 물론이며 자본력도 대기업의 상대가 되지 않는다. 따라서 대기업과 함께 문화의 흐름을 타거나 틈새를 찾아야 한다. 아웃도어 브랜드 매장을 오픈하는 것은 대기업과 함께 문화의 흐름을 타는 것이다.

아웃도어 시장에서 틈새를 공략할 수도 있다. 그러나 방법은 대기업과 다르다. 오케이아웃도어나 아웃도어파크 같은 곳에서 답을 찾을 수 있다. 이 두 브랜드는 여러 아웃도어 브랜드를 한 곳에서 판매한다. 온·오프라인 매장을 모두 갖추고 있다. 특별한 브랜드를 선호하지 않거나 더 저렴하게 여러 종류의 브랜드를 보고 싶은 사람들이 주로 이용한다.

두 곳 모두 2000년 초반, 아웃도어 시장의 유행을 감지하고 신설됐다. 즉, 여러 브랜드를 한꺼번에 제공할 수 없는 대기업의 틈새를 파고든 것이다. 많은 자본이 투입되는 제조업이나 마케팅으로 창업한 것이 아니기 때문에 개인도 브랜드를 런칭할 수 있었던 것이다.

정리하자면 돈을 벌어주는 것은 문화다. 좋아 보이는 곳으로 진입하는 것이 아니라, 문화의 물결이 흐르는 곳으로 뛰어들어야 한다. 아울러 문화 흐름을 주도할 수 있는 대기업과 함께하거나, 아니라면 대기업이 제공하지 못하는 틈새를 파고들어야 한다.

잘하고 싶은 일에 대한
희망을 버려라
—

학창 시절에 유독 운동을 잘했던 친구들이 있다. 유독 노래를 잘 부르던 친구도 있었으며, 춤을 잘 추었던 친구도 있다. 언변이 좋았던 친구도 있었으며, 공부를 잘하는 친구도 있었다. 그런데 이 모두를 잘하는 사람은 만나 보지 못했다. 사람들은 저마다의 장점을 가지고 있다. 특별한 재능을 타고난 사람도 있지만, 그보다는 자신이 좋아했기 때문에 잘하게 된 경우가 대부분이다.

축구를 좋아해서 잘하겠다고 생각하면, 축구를 잘하기 위해 노력할 것이다. 이런 노력의 결과로 축구 실력은 좋아진다. 노래를 잘 부르고 싶다면 노래 연습을 할 것이다. 공부에 관심을 갖고 잘하고 싶다고 마음을 먹는다면, 아마 공부를 더 잘하기 위해서 노력할 것이 분명하다. 우리는 잘하려고 하는 것만 잘하게 된다.

그렇다면 지금 잘하고 있는 것은 무엇인가? 잘하고 싶어 하는 일은 무엇인가? 잘할 수 있는 일은 무엇인가? 이 세 가지를 명확하게 구분해야 한다.

대부분의 사람들은 지금 잘하고 있는 일이나 잘할 수 있는 일에 희망을 걸지 않는다. 창업 아이템을 생각할 때도 마찬가지다. 자신이 잘 알고 있는 아이템을 선택하는 것이 아니라, 잘하고 싶어 하는 일에만 희망을 건다. 이런 일은 대부분 경쟁이 아주 치열하다. 불특정 다수가 인정하고 관심이 많은 분야이기 때문에 자신도 그것을 잘하고 싶어 하는 경우가 많다. 그러나 실제로 경쟁에서 이길 수 있는 부분은 잘하고 싶어 하는 분야가 아니다. 다른 사람과 경쟁에서 이길 수 있는 부분은 지금 잘하고 있는 것이거나, 잘할 수 있는 일에 관련된 것이다.

많은 사람들이 창업을 고려할 때 요식업, 즉 음식점 창업을 생각한다. 접근하기가 가장 쉽기 때문에 적어도 망하지는 않을 것이라고 생각하기 때문이다. 그러나 창업이 가장 많은 만큼 실패도 가장 많은 업종이 바로 요식업이다. 그만큼 경쟁이 치열하기 때문이다. 식구들이 맛있게 먹는 정도로는 사람들은 자신의 돈을 지불하면서까지 사먹지 않는다. 집 요리에서는 느낄 수 없을 정도의 특별한 점이 있어야 한다. 최고는 음식의 맛이며 음식으로 특별함을 찾을 수 없다면 인테리어에라도 많은 비용을 투자해야 한다. 그러나 사실 비슷비슷한 재료로 음식의 맛을 더 끌어올릴 수 있는 사람은 많지 않다. 따라서 할 수 있다고 생각해 가장 쉽게 창업하고 가장 많이 실패하는 업종이 바로 요식업이다.

그렇다면 어떤 분야를 해야 할까? 지인 중에 한 명은 어렸을 때부터 음악에 많은 관심을 가졌다. 그러나 자신은 그 분야에서 다른 사람들보다 도저히 잘할 수 없다는 것을 깨달았다. 만약 음악을 잘하기 위해서 계속 노력한다면 기본적인 생활을 할 수 없을 정도로 가난해질 수도 있었다. 이걸 깨달은 다음에는 자신이 잘할 수 있는 분야가 무엇인지 철저히 고민했다. 그리고 취미로 음악을 할 수 있을 만큼 경제적인 안정을 찾았다. 지금은 주택의 방 하나를 할애해서 최고급 오디오시설을 갖추고 즐기고 있다.

이 사람이 했던 것은 오디오 사업이었다. 자신이 음악을 하고 싶어 했던 만큼 오디오 분야는 전문가 수준으로 지식이 있었다. 따라서 오디오 대리점을 창업했다. 음악에 대해 알고 있었기 때문에 소비자의 성향에 맞게 최고의 음질과 서비스를 제공할 수 있었다. 덕분에 창업 후 얼마 지나지 않아 적당한 가격에 최고의 사양을 추천하는 매장이라는 입소문을 탔다. 입소문으로 매출은 기하급수적으로 증가했다. 또한 다른 지방에 몇 개의 매장을 오픈하고 함께 관리한 덕분에 장사는 사업으로 확대될 수 있었다.

이처럼 자신이 잘하는 분야가 무엇인지, 즉 자신의 경쟁우위가 무엇인지 정확하게 파악했기 때문에 창업에서 성공할 수 있었던 것이다. 따라서 창업을 진정으로 고려할 때는 잘하고 싶은 일이 아닌 자신이 잘하는 일에서 어떻게 경쟁우위를 점할 것인지를 진지하게 고려해 봐야 한다.

잘하고 있는 일에
최선을 다해라
—

잘하고 싶지만 경쟁에서 이길 수 없는 것에 대한 미련을 버렸다면, 이제 잘할 수 있는 것과 잘하고 있는 것에 대해 생각해 봐야 한다.

많은 사람들은 자신이 무엇을 잘할 수 있는지 잘 모른다. 천부적인 재능은 아주 특별한 사람들에게만 주어지는 것이다. 많은 사람들이 노력을 하면 아무리 경쟁이 치열하다고 해도 승리할 수 있다고 이야기한다. 그러나 그것도 그들이 이미 특별한 재능을 가지고 있었기 때문이다. 지금부터 매일 15시간씩 농구를 한다면 마이클 조던과 같은 선수가 될 수 있을 것이라고 생각하는가? 주식에 대한 공부를 철저하게 하면 워런 버핏과 같은 현인이 될 수 있을 것이라 믿는가? 지금부터 어린 자녀에게 김연아 선수처럼 되기를 희망하며 피겨스케이팅을 가르친다고 해서 세계 최고가 될 수 있을 것이라 생각하는가? 아마 많은 사람들이 그렇게 되기는 힘들 것이라고 생각한다.

물론 재능을 타고났다면 그 분야를 집중적으로 개발하는 것이 현명하다. 같은 노력으로 더 많은 것들을 쉽게 쟁취할 수 있기 때문이다. 그러나 재능을 타고나는 사람들은 많지 않다. 대부분 후천적으로 길러질 뿐이다.

따라서 지금 하고 있는 일에 집중하는 것이 가장 현명하다. 지금 하고 있는 일에 집중하면서 시스템의 부품이 되지 않는 방법을 찾아야 한다.

지금 만약 중국집에서 배달을 한다고 가정하자. 배달과 관련된 일은 교체가 가능한, 누구나 할 수 있는 일이다. 때문에 1분 빨리 배달을 하려고 위험한 운전을 해서는 안 된다. 대신 중국집에서 배울 수 있는 모든 것을 배워야 한다. 주방장이 양파를 다듬는 법, 면을 삶는 법과 요리 양념의 비율, 가장 맛있는 재료의 상태, 고객들이 좋아하는 인테리어 등 중국집에서 벌어지는 모든 것을 배우는 것이다. 이렇게 하면 기회가 주어진다. 만약 주방장이 갑자기 자리를 비우게 되면 대신할 수도 있으며, 돈을 모아 또 다른 중국집을 차릴 수도 있다.

의류 판매 사원의 경우도 마찬가지다. 옷에 대한 모든 것을 파악해야 한다. 연령대별로 좋아하는 스타일은 물론, 옷감과 단추의 종류, 옷에 따른 특성 등 모든 것을 파악하라. 전문적인 지식을 조금씩 습득한다면 당신은 그 분야에서 대체할 수 없는 특별한 사람이 될 것이다.

지금 현재 특별하지 않다고 걱정할 필요는 없다. 지금 하고 있는 일을 어떻게 하면 잘할 것인지 고민해야 한다. 앞에서도 말했지만, 열심히 한 후에 잘하게 된다. 빗방울이 바위를 뚫을 수 있는 것은 한 곳으로만 떨어졌기 때문이다.

이렇게 설명해도 부정적으로 생각하는 사람이 있다. 지금 하고 있는 일은 재미도 없으며, 열심히 해도 잘할 수 없는 일이라고 투덜거린다. 맞다. 그런 일이 분명히 있다. 그렇다면 하루라도 빨리 그곳에서 나와야 한다. 특히 시스템에 속할 수밖에 없는 일도 있다. 예를 들어 마트의 캐셔, 경비업체의 말단 직원, 시내버스 운전기사 같은 일이다. 이런 일은 아무리 오래해도 숙련도가 증가하지 않는다. 전체적인 시스템 운용 방법을 배울 수도 없다. 만약 이런 일을 하고 있으면서 언젠가 비슷한 업종 창업을 꿈꾸고 있다면 거의 대부분 실패한다. 전체적인 시스템을 보고 배울 수 있는 관리직으로 옮기거나 이것이 용의치 않다면 업종 자체를 바꿔야 한다.

참고로 사람이 재미를 느끼고 흥미를 갖는 것은 딱 두 가지 종류뿐이다. 하나는 내가 잘하고 싶어 하는 분야이다. 내가 잘하고 싶어 하기 때문에 재미를 느끼게 된다. 그러나 타고난 재능이 없다면 하고 싶어 하는 분야에서 특별한 사람이 되기는 어렵다. 다른 하나는 잘하는 분야이다. 잘하는 분야는 더욱 잘하고 싶어 하게 된다. 성취감을 느낄 수 있기 때문이다. 매일매일 자신이 스스로 발전하고 있다는 것이 느껴지게 되면 마약과 같이 지금 하고 있는 일에 재미를 느끼게 된다.

—
품질과 서비스로
차별화하지 말라
—

계속해서 반복하지만 창업에서 성공하기 위해서는 경쟁우위에 서야 한다. 그런데 많은 사람들은 경쟁우위에 서기 위해서 품질을 높이거나, 서비스를 더 한다. 그러나 품질을 높이는 것, 서비스를 더 하는 것도 쉽지 않다. 때문에 가격 할인을 한다. 심지어 이 모든 것을 동시에 실행하기도 한다. 그러나 이런 것들은 경쟁우위를 위한 방법이 아니다. 단지 다른 경쟁자보다 조금 더 나아지기 위한 방법이다. 그것도 경쟁자보다 더욱 높은 수익을 내면서 나아지는 것이 아니다. 자신의 수익은 낮추면서 단지 고객이 자신을 더욱 많이 선택할 수 있는 방법으로 나아지는 것이다. 모든 사람들이 이렇게 나아지기를 추구할 경우 일은 더욱 힘들어지며, 수입은 갈수록 줄어든다. 단도직입적으로 말해 망할 수밖에 없다.

핸드폰은 생활필수품이 되었다. 때문에 수많은 회사에서 수많은 종류의 핸드폰이 나와 있다. 대부분의 핸드폰은 기존 제품보다 더욱 좋아진 성능을 광고한다. 과거에는 핸드폰에 카메라가 내장되어 있는 것 하나만으로도 특별했다. 그러나 지금은 더 다양한 기능이 첨가되었다. 품질로 차별화를 할 경우 그것보다 더 나은 품질이 등장하면 차별성은 깨끗하게 무너지게 된다. 소비자는 계속해서 더 높은 품질을 원한다. 핸드폰은 출시한 지 6개월도 되지 않아 구식 상품으로 인식된다. 계속해서 더 좋은 품질의 상품이 출시되고 있기 때문이다.

개인이 창업할 수 있는 아이템으로 생각해 보자. 스파게티 전문점은 많은 사람들이 생각하는 창업 아이템이다. 어떤 상권에 스파게티 전문점이 하나 생겼다. 맛도 가격도 서비스도 특별히 대단할 것은 없다. 그러나 그 상권에 스파게티 전문점은 하나밖에 없기 때문에 장사는 곧잘 되는 편이다. 이런 모습을 보고 다른 사람이 바로 옆에 비슷한 스파게티 전문점을 창업했다. 가격은 비슷하지만 맛은 더 좋다. 직원들도 유니폼을 갖춰 입었다. 먼저 창업한 사람은 매출이 반 이상 급감한다. 인테리어도 낡았다. 때문에 음식 맛이 덜하더라도 조용한 시간을 원하는 사람만 찾는 곳이 된다. 그리고 얼마 지나지 않아 폐업을 할 수밖에 없을 것이다.

따라서 품질을 높여서 특별해진다는 생각은 버려야 한다. 만약 더 좋은 품질의 상품을 팔고 있다고 홍보할 경우, 지금 판매하는 상품보다 더 좋은 품질의 상품이 나오면 어떻게 대처할 것인가? 이런 질문에 답을 찾기는 쉽지 않다. 이럴 경우 찾을 수 있는 것은 서비스를 높이고 가격을 낮추는 것이다.

그럼 서비스에 대해 생각해 보자. 품질이 비슷할 경우, 서비스를 제공한다면 더 많은 고객들이 자신을 찾을 것이라고 생각한다. 때문에 수많은 책, 수많은 사람들이 고객 만족에 대해 이야기한다. 그러나 이와 같은 경우에도 별로 나아지지 않는다. 서비스는 누구나 할 수 있는 것이기 때문이며, 사람들은 어느새 서비스에 익숙해진다. 오히려 기존에 다른 곳에서 받았던 서비스를 못 받게 되면 자신의 권리가 떨어진 것이라 생각하게 된다.

예전에 은행에 가면 한참 동안 기다리기 일쑤였다. 번호표도 없었으며, 청원경찰 등이 무슨 업무를 보러 왔는지 물어보지도 않았고 관심도 없었다. 그러나 한 은행에서 대기번호표를 도입했으며, 청원경찰은 안전을 지키는 것과 함께 고객 서비스까지 제공하기 시작했다. 이렇게 하니 대부분의 은행이 이런 서비스를 실시하게 되었으며, 이제 고객은 이런 서비스를 제공하지 않는 은행을 불편해 한다. 과거에는 부가적으로 받을 수 있었던 것이 이제는 당연한 권리로 인식되기 때문이다. 서비스를 제공하기 위해 더 많은 비용이 투입되었으나, 돌아오는 수익은 별로 없다.

항공사의 경우도 마찬가지다. 처음 한 한공사가 마일리지 제도를 선보였다. 이러한 제도로 인해 비행기를 자주 이용하는 사람들은 마일리지를 제공하는 항공사를 조금 더 많이 이용했다. 항공사의 입장으로 설명하면, 충성 고객이 증가한 것이다. 따라서 항공사는 더 많은 수익을 창출할 수 있었다. 다른 항공사가 마일리지를 제공하기 전까지는 말이다. 경쟁사 역시 마일리지를 도입했고, 이러한 서비스는 소비자의 권리가 되었다. 이제 당연히 받을 수 있다고 생각하는 마일리지 서비스를 폐지할 경우, 고객들은 좋지 않은 기업이라고 생각할 것이다. 비용은 증가하고 수익은 증하지 않는 서비스를 제공하는 사례는 그 밖에도 엄청나게 많다.

즉, 기존 스파게티 전문점도 바로 옆에 생긴 경쟁 매장처럼 유니폼을 입고, 더 젊고 건강하고 예쁜 서버로 서비스를 한다고 가정하자. 그려면 그만큼 서비스에 대한 비용이 더 많이 발생한다. 그러나 비용이 증가한 만큼 매출은 증가하지 않는다. 소비자들은 당연히 받아야 할 권리라고 느낀다.

세 번째는 가격 할인이다. 품질도 비슷하고, 서비스도 비슷하다면 더 많은 고객들에게 특별한 것으로 기억되기 위해 가격을 할인한다. 그러나 우리가 경제 활동을 하는 이유 중 첫 번째는 이윤을 창출하기 위해서다. 수익을 남겨야 일을 하면서 보람도 느낄 수 있다. 그런데 품질과 서비스를 높이기 위해 비용을 증가시키면서 가격을 할인한다면, 어떻게 이윤을 남길 수 있는가? 사람들은 한번 낮아진 가격을 접하게 되면 언젠가 다시 그 가격으로 떨어질 것이라 믿는다. 우리가 백화점 세일 기간을 기다리는 것도 이러한 현상이다. 따라서 가격 할인은 특별한 것이 되기 위해서는 절대 피해야 한다.

상품의 실질적인 판매 증가는 충성도가 높은 고객, 즉 단골 증가를 통해 이루어진다. 가격이 저렴하다는 이유로 혹은 세일을 한다는 이유만으로 특별하지 않은 제품을 지속적으로 구매하는 고객은 거의 없다. 가격 할인은 헐값에라도 팔아 재고를 정리하기 위한 방법 아니면 매장의 성공적인 오픈을 위한 초기 이외에는 별다른 도움이 되지 않는다.

우리는 명품과 같은 특별한 것을 구매하기 위해 높은 비용을 들인다. 그리고 그 특별한 것을 사기 위해 직접 행동한다. 특별한 것은 특별한 장소에 있기 때문이다. 일례로 명품의 경우 특정 백화점에서만 판매하기도 하며, 일부러 한정 상품만 생산해서 소비자들을 불편하게 하기도 한다. 아울러 마케팅의 일환으로 가격을 높이기도 한다. 품질을 높이는 것은 당연하지만, 이러한 명품은 좋은 품질로 승부하지 않는다. 품질은 명품이 아닌 상품도 우수하기 때문이다.

창업 성공률을 높이기 위해서는 즉 경쟁우위를 만들기 위해서는 많은 돈이 들어간다. 그러나 타인도 쉽게 모방할 수 있는 것이라면, 핸드폰과 같이 모두 품질이 향상되는 시장에 뛰어든 것이다. 따라서 단순한 모방으로 차별화할 수 있는 것으로 경쟁우위를 만들었다고 생각하면 안 된다. 품질은 어렵지 않게 끌어올릴 수 있으며 서비스도 쉽게 모방할 수 있다. 기존에 제공하지 않았던 것을 다른 경쟁자가 제공하면 그것은 고객이 당연히 받을 수 있는 권리가 된다. 비용은 증가하고 수익은 떨어진다. 가격 할인도 마찬가지다.

우리가 경제 활동을 하는 첫 번째 이유는 가족을 풍요롭게 하기 위해서다. 일정 수준 이상의 부가 있어야 그 위에 행복도 있는 것이다. 그러나 열심히 해도 가족의 행복을 만들 수 없다면, 가족의 안위를 걱정해야 한다면 보람 있는 일이 아닐 것이다.

—
특별해지기 위한
단계
—

경쟁우위라는 것은 단지 남들과 다르다는 의미가 아니다. 남들과 다르면서 타인에게 이점을 준다는 의미다. 여기서 이점이란 물질적, 정신적인 모든 것을 포함한다. 명품과 같은 상품을 구매할 경우에는 더 많은 비용을 사용해야 한다. 그러나 그 비용보다 더 많은 가치가 있다고 생각한다. 즉, 비용은 더 썼지만 만족은 사용한 비용보다 큰 것이다. 이처럼 이점을 주기 위한 특별함의 핵심에는 논리가 있다. 다른 사람을 설득시킬 수 있을 정도로 타당하고 명확하다는 뜻이다. 그렇다면 어떻게 논리를 만들어야 할까?

첫 번째는 시장 상황을 냉정하게 분석하는 것이다.

스타벅스가 생기면서부터 불기 시작한 커피 문화는 이제 CJ와 롯데 등 대기업도 자본을 투자할 정도로 성장했다. 이처럼 대기업의 자본이 본격적으로 시장에 유입된 것은 커피 시장이 그만큼 커졌다는 것을 반증한다. 즉, 초기에 많은 자본을 투자해도 향후에 더 많은 자본을 얻어낼 수 있다는 뜻이다. 그럼 잠깐 우리나라에서 펼쳐진 커피 전쟁을 살펴보자.

스타벅스는 단순히 커피숍이 커피를 마시는 공간이 아니라 문화를 나누는 공간으로 자신을 포장했다. 때문에 스타벅스에서 커피를 마시는 것은 자신이 세련되고 고급스러운 사람이라는 의미를 내포한다. 그들이 그런 포지셔닝을 가지고 시작했기 때문이다. 이와 비슷한 것이 바로 스타벅스와 버금가는 국제적인 커피 브랜드인 커피빈이다. 커피빈 역시 단순히 커피를 파는 것이 아닌 문화를 판매한다는 포지셔닝을 가지고 있다. 때문에 스타벅스와 커피빈은 매장의 분위기도 크게 다르지 않다. 그들은 자신들이 판매하고 있는 커피를 마시는 것이 '세련된 것'이라는 특별함을 가지고 있다.

이런 문화가 생기기 시작하니 국내 대기업들도 본격적으로 자본을 쏟아부었다. 투썸플레이스는 CJ 계열이며, 엔제리너스는 모기업이 롯데다. 우선 엔제리너스는 스타벅스와 커피빈과 큰 차이점을 느낄 수 없다. 롯데의 막강한 자본력으로 스타벅스에 버금가는 매장을 신설했다. 즉, 규모의 경제로 스타벅스와 경쟁하고 있다. 그러나 투썸플레이스는 조금 다르다는 것을 느낄 수 있다. 매장은 더욱 깔끔하고 세련됐다. 편안함보다는 모던한 느낌으로 인테리어를 한다. 게다가 커피보다 함께 먹을 수 있는 케이크를 더욱 강조하고 있는 모습이다. 이로써 투썸플레이스는 스타벅스와 커피빈 그리고 엔제리너스와 다른 차별성을 얻은 것이다.

그런데 여기에 또 하나의 기업이 뒤늦게 뛰어들었다. 카페베네다. 카페베네는 CJ나 롯데처럼 식품 관련 유통망을 가지지 않았다. 대신 처음으로 대형 연예인들을 내세우면서 자연스럽지만 정돈된 느낌과 달리 젊고 편안하며 안정적인 느낌의 카페를 표방했다.

즉, 대기업들은 커피라는 문화 속에서 서로 전쟁을 하고 있지만, 각각 다른 고지를 점령하기 위해 노력하고 있는 것이다.

그러나 조금 다른 시선으로 보면 안타까운 점도 있다. 카페 문화가 생기기 이전에는 다방이 있었다. 카페와 조금 상이한 문화를 가졌지만, 다방은 소자본을 가진 개인이나 소규모 조직이 운영했다. 그러나 대기업이 본격적으로 자본을 투자하기 시작하자 소자본으로 시작한 다방은 머물 곳을 잃었다.

여기까지만 보면 돈이 돈을 버는 것이 사실이다. 그러나 눈을 조금 돌려보면 특별한 점을 내세워 소자본으로 성공한 카페를 만날 수 있다. 홍대 한쪽에 있는 카페는 대기업에서 판매하는 획일화된 커피와 달리 세계 곳곳의 희귀한 커피를 구해 고객이 원하는 취향에 맞춰 판매한다. 가격은 다른 카페보다 더욱 비싸다. 그러나 이곳은 사람들의 입소문으로 줄을 서고 기다려야만 자리에 앉을 수 있을 정도로 문전성시를 이룬다.

다시 말해, 대기업이 아무리 많은 자본을 투자한다고 해도 그들은 시스템으로 모든 것을 규정하기 때문에 그 속에 있는 종업원들은 매뉴얼에 나와 있는 대로만 커피를 제조해야 한다. 사람들의 욕구는 갈수록 다양해지기 때문에 커피 문화의 틈을 잘 살펴보면 이처럼 특별해질 수 있는 틈새를 찾아낼 수 있는 것이다. 따라서 문화의 흐름을 보되 시장 상황을 면밀히 관찰하고 아직 다른 사람들이 하지 않은 것이 무엇이며, 소비자들이 원하지만 제공받을 수 없는 것은 무엇인지 살펴보아야 한다.

이런 사례는 무수히 많다. 모든 신발이 가볍고 편안하다는 것을 강조할 때 그와 정반대로 무거움을 강조해 성공한 신발도 있다. 무거운 신발을 신고 걷기만 해도 다이어트와 운동에 효과적이라는 점을 부각했다. 운동화는 운동할 때 신는 것이라 여겨 달리는 것을 강조했지만, 그와 달리 걷기 위한 신발을 내놔 선풍적인 인기를 끈 제품도 있었다. 이런 제품들은 모두 하나의 아이디어로 특별함을 위해 달려 나간 사람에게 성공을 안겨줬다. 미국에서 가장 서비스가 좋다는 노드스트롬 백화점의 경우 다른 백화점들이 비용 절감을 위해 직원과 서비스를 대폭 축소하고 있던 흐름에 반했기 때문에 더욱 큰 효과를 얻을 수 있었다. 이처럼 모두가 '예'라고 할 때 '아니오'라고 말할 수 있도록 시장의 흐름을 면밀히 살펴본다면 특별해질 수 있는 속성을 발견할 수 있다.

두 번째는 어떤 점에서 특별해질 것인지 고려해야 한다는 점이다. 특별해지려면 남들과 같아서는 안 된다. 만약 축구팀의 11명 모두가 골키퍼라면 어떤 일이 벌어지겠는가? 11명 모두 공격수이거나 수비수라면? 그 경기 양상은 불을 보듯 뻔한 일이다. 따라서 경쟁하는 사람들과 달라지기 위해서 노력해야 한다. 모두 공격수만 있는 팀에 수비를 전문적으로 한다면, 특별해질 수 있는 것이다.

어떤 점에서 특별해질 것인지를 찾는 방법 중의 하나는 모든 점에서 남들보다 나아야 한다는 고정관념을 버리는 것이다. 다시 축구 선수들을 보자. 유럽축구리그에서 맹활약했던 박지성 선수는 모든 점에서 뛰어나지 않다. 박지성보다 드리블을 잘하는 선수도 있으며, 공격력이 더욱 높은 선수도 있다. 하지만 박지성은 특별하다. 그는 자신의 장점이 성실성과 지치지 않는 체력이라는 점을 믿고 그것을 실천해 나갔다. 때문에 세계 최고가 될 수 있었다.

우리나라 대학을 살펴보자. 포항공대나 카이스트의 경우, 서울대나 연세대, 고려대와 달리 특별함을 가지고 있다. 이 대학은 공학에 대한 관심과 재능이 많은 특별한 학생들만 선별한다. 따라서 성적이 좋은 모든 학생을 선발하는 다른 대학보다 특별해질 수 있었다. 아울러 한국종합예술대학이나 서울예술대학의 경우도 예능적인 재능을 중심으로 학생들을 선별한다. 이처럼 핵심 부분만 집중적으로 부각했기 때문에 이들 대학은 자신만의 특별한 위치를 가질 수 있었던 것이다.

따라서 특별해지기 위해서 모든 점에서 뛰어나야 한다는 고정관념을 가질 필요는 없다. 지금 잘하는 것이 무엇인지 찾아, 더 잘하면 된다. 다만 특별한 점을 찾았다면 타인이 알 수 있도록 해야 한다.

마지막으로 특별함을 믿게 해줄 수 있는 근거를 찾아야 한다. 다시 말해, 특별함을 가지고 있다면 그것을 논리적으로 설명할 수 있어야 하며, 실제적으로 보여줄 수 있는 무엇을 가져야 한다. 근거도 없이 막무가내로 차별성을 주장하는 것은 힘이 없다. 아울러 감정에 대한 호소 또한 동정을 얻을 수 있을 뿐이지 차별성을 얻을 수는 없다. 그리고 동정은 그다지 길지 않은 시간 동안만 받을 수 있는 감정이다.

예를 들어, 중국에서 요리를 공부하고 온 사람이 중국집을 냈다고 하자. 이는 그가 만든 음식이 다른 중국집 음식보다 특별함이 있다고 알리는 데 도움이 된다. 중국 음식을 제일 잘 배울 수 있는 곳은 미국이나 유럽이 아니다. 바로 중국이다. 따라서 중국에서 음식을 배워 왔다는 것은 다른 곳보다 더욱 중국 본토의 맛과 비슷하다는 의미라고 인식된다. 그러나 만약 중국에서 유럽 음식에 대한 공부를 했다고 주장하고, 피자나 스파게티 전문점을 낸다면 어떨 것 같은가? 아무리 그 음식이 좋은 재료를 사용하고 특별한 소스를 첨가했다고 해도 사람들은 그것을 특별하다고 생각하지 않는다. 우리는 한복을 이탈리아에서 주문하지 않는다. 한복을 가장 잘 만드는 곳은 바로 한국이기 때문이다.

명품 패션 브랜드인 루이비통이나 프라다, 샤넬 등에서 최고로 좋은 스포츠카를 만들었다고 주장한다면, 소음에 불과하다. 그 브랜드가 아무리 명품이라고 인식되었다 해도 패션과 자동차의 심리적 거리는 너무나 멀기 때문이다. 소형차인 비틀로 인기를 끌었던 폴크스바겐이 성능 좋은 고급 세단을 야심차게 내놓았을 때, 시장이 차갑게 반응한 것도 이와 같은 현상이다. 폴크스바겐은 소형차를 잘 만드는 기업이었지, 고급 대형 세단을 잘 만드는 기업이 아니었기 때문이다.

따라서 자신이 특별하다고 주장하려면 그에 맞는 근거가 있어야 하며, 그 근거가 사람들의 인식과 부합해야 한다.

사람들에게 특별함을 인정받기 위한 또 하나의 유의점은 주장에 알맞은 행동을 해야 한다는 점이다. 과거에 한 개그맨이 진지한 내용의 액션영화를 촬영했다. 그런데 이 영화의 주인공이었던 개그맨이 진지하게 대사를 하면, 관객들은 기존의 이미지로 인해 그 배우의 진지함에 몰입할 수 없었다. 즉, 그 개그맨은 사람들에게 가벼움의 표상으로 인식되었기 때문에 아무리 심각하고 진지한 대사를 해도 그저 콩트의 한 장면이라고 느꼈던 것이다. 근육질의 남성적인 모습으로 강하게 인식되어 있는 배우가 섬세한 연기에 도전하면, 성공할 가능성보다 실패할 가능성이 더 높은 것도 사람들의 인식 속에 그 근거가 부족하기 때문이다.

최근 광고를 보면, 은행과 증권사가 각각 자신들이 개인자산관리를 가장 잘한다고 주장한다. 그러나 사람들의 인식은 그저 똑같은 은행과 증권사일 뿐이다. 그들이 어떤 점에서 얼마나 다른지 그 근거는 대지 않고 주장만 반복하고 있기 때문이다. 은행의 영업 형태는 이런 광고를 시작하기 전과 후의 변화가 거의 없다. 즉, 행동의 변화 없이 주장만 반복하고 있을 뿐이다. 다시 말해 소음에 불과하다.

그러나 만약 산업은행이 중소기업 대출에 앞장서겠다는 광고를 한다면, 다른 은행이 비슷한 광고를 하는 것보다 훨씬 더 쉽게 고객들이 그 주장을 믿을 것이 분명하다. 외환은행의 경우도 외환 관련 업무는 자신이 최고라는 주장을 담은 광고를 한다면 고객은 좀 더 특별하다고 생각할 것이 분명하다.

개인이나 소규모 조직이 특별해지기 위해서는 이런 단계를 어떻게 활용해야 할까? 자신이 담당하고 있는 직장 혹은 직종의 흐름을 면밀히 분석하는 것이 필요하다. 그리고 그중에서 앞으로 더욱 발전할 부분을 찾거나 발전하지는 않지만 경쟁이 줄어들고 있는 부분을 선택해야 한다. 그리고 그렇게 선택한 지점에서 자신의 어떤 점을 부각시킬 것인지 고려해야 한다. 모두 다 잘할 필요는 없다. 다만 다른 사람보다 조금 더 나아질 수 있는 부분을 찾아야 한다. 그리고 특별함을 타인에게 설득시키기 위한 근거를 마련해야 한다.

예를 들어, 요리사가 꿈이라고 가정하자. 그러면 어떤 종류의 요리를 할 것인지 정해야 한다. 앞으로 음식문화 중에서 한식은 더욱 발전할 것이지만, 모든 주부가 경쟁자가 될 수 있다. 따라서 일반적인 김치찌개를 잘 끓이기보다는 더욱 특별한 것을 하는 것이 좋다. 만약 일식을 선택했다면 일식 중에서 어떤 쪽이 발전할 것이며, 어느 곳의 경쟁이 없어질 것인지를 살펴봐야 한다. 아울러, 문화가 흘러가는 쪽으로 가는 것이 좋지만 경쟁자가 없는 곳도 나쁘지 않다. 일례로 추억의 상품을 판매하는 사람들은 문화가 흘러가는 쪽이 아니라 경쟁자가 없는 쪽으로 시선을 돌린 것이다. 마지막으로 특별함을 믿게 해줄 수 있는 근거를 만들어야 한다. 따라서 일본의 한 식당에서 직접 생선회 요리를 했다고 증명을 하든가, 요리 경연대회에서 수상을 했다는 점을 입증해야 한다.

세밀하게 관찰하면
경쟁우위를 만들 수 있다

얼마 전 한 개그맨은 "1등만 기억하는 더러운 세상"이라는 말로 대히트했다. 정말이다. 사람들은 최고가 아니면 기억하지 않는다. 국보 1호는 남대문이다. 보물 1호는 동대문이다. 그러나 국보 2호와 보물 2호를 아는 사람은 많지 않다.

우리는 자신을 1등이라고 강조하는 광고를 끊임없이 만난다. 대표적인 것이 '원조'를 내걸고 있는 음식점이다. 어떤 골목에서는 바로 옆에 같은 종류의 음식을 판매하고 있는 식당을 접할 수 있다. 그런데 그 두 개의 식당 모두 자신이 원조라고 강조한다. 원조, 즉 첫 번째로 생긴 음식점이 더 전문적으로 음식을 할 것이라고 인식된다는 것을 알고 있기 때문이다.

원조 이외에도 '1'이 될 수 있는 것은 많다. 점유율 1위, 매출 1위, 고객 만족도 1위, 고객 평가 1위, 품평회 1위, 고객 인지도 1위 등 각각의 분야에 맞는 것을 찾아서 자신이 1위라고 강조하면 된다.

사람들의 기억, 즉 소비자들이 기억할 수 있게 하려면 그 분야에서 1위가 되어야 한다. 그렇다고 전 세계에서 해당 분야 1위가 될 필요는 없다. 세상을 변화시킬 수 있는 사람은 극소수다. 그러나 변화를 작은 상권으로 국한시키면 1위가 될 수 있는 것은 사실 무궁무진하다.

최근까지 우리 동네에는 추천할 만큼 좋은 세탁소가 없었다. 프랜차이즈 세탁소는 미덥지 못했고, 아파트 상가 세탁소는 너무 비쌌다. 항상 개인이 하는 세탁소지만 프랜차이즈 세탁소만큼 저렴한 곳이 있었으면 좋겠다는 생각을 했다. 그리고 결국 이런 세탁소가 생겼다. 성공은 두말할 것 없다. 프랜차이즈 세탁소보다 세탁력이 좋았고, 아파트 상가 세탁소보다 가격은 저렴했기 때문이다. 지역 1위 세탁소가 된 것은 당연하다.

마케팅 범위를 특정 지역으로 국한시킨다면 1등이 되는 것은 사실 어렵지 않다. 소비자들이 불편해 하는 부분을 찾아 세분화하고, 그 세분화한 부분에 대해 경쟁우위를 찾으면 된다. 다음의 과정을 거치면 문제를 해결하고 새로운 분야의 상품이나 서비스를 만들 수 있다.

1. 사람들이 불편해 하는 문제를 구체적으로 정의해야 한다.
2. 불편해 하는 문제를 해결하고자 하는 정확한 의도를 가져야 한다.
3. 이를 기반으로 기존의 지식을 재조직해야 한다.

그렇다면 사람들이 불편해 하는 문제는 어떻게 찾을 수 있을까? 핵심은 사람들의 말을 듣는 것이 아니라, 행동을 면밀히 살펴보는 것이다. 많은 기업들은 자신의 문제점을 개선하기 위해 사람들에게 설문조사 등을 실시한다. 개선점과 건의사항 등을 조사하기 위한 일련의 과정이다. 그러나 이러한 방법은 실질적으로 큰 효용이 없다. 대부분의 사람들은 불편함은 그냥 감수하거나 그것이 불편하다는 것을 미처 깨닫지 못하기 때문이다. 따라서 설문조사 등을 통해 고객의 불편 사항을 듣는 것보다 고객의 행동을 면밀히 분석해야 한다.

사람이 어떤 행동을 하기까지는 아주 빠르지만 상당히 복잡한 절차를 거친다. 외부 정보에 주의를 기울이고, 이를 받아들이고, 다른 대상과 비교하고, 판단하며 저장하고, 그것을 인출하여 행동한다. 아주 간단한 행동을 한다고 해도 이와 같은 과정을 몇 번 거친 후에 행동으로 옮기는 것이다. 즉, 가장 중요한 것은 행동을 통해 보여주는 것이다.

《통찰의 기술》신병철 지음, 지형출판사을 보면 김치냉장고의 불편한 점을 찾는 행동방법에 대해 자세히 기록했다. 김치냉장고의 사용 절차는 대략 6가지 동작으로 나눌 수 있다.

1. 김치냉장고의 뚜껑을 연다.
2. 김치통을 꺼낸다.
3. 김치통을 내려놓는다.
4. 김치냉장고의 뚜껑을 닫는다.
5. 김치통을 다시 든다.
6. 부엌으로 가지고 간다.

이 중 불편한 절차가 들어 있다. 바로 김치통을 들고 내려놓는 절차이다. 이를 한 번에 해결하면 더욱 편할 것이다. 김치냉장고를 조금 개선하면 더욱 편하게 사용할 수 있다.

1. 김치냉장고의 뚜껑을 연다.

2. 김치통을 꺼낸다.

3. 김치냉장고의 뚜껑을 닫는다.

4. 부엌으로 가지고 간다.

이를 통해 두 단계의 과정이 생략되었다. 과거 김치냉장고는 김치통을 2단으로 쌓아 저장하는 모델이었다. 그러나 이러한 점을 개선하여 하나의 칸에 하나의 김치통을 넣을 수 있는 김치냉장고가 등장한 것이다.

위에서 잠시 언급한 세탁소 창업자는 이런 과정을 거쳤다고 말했다. 이미 다른 지역에서 세탁소를 운영하고 있다. 그 지역에서도 장사가 잘되고 있어 또 다른 점포를 찾고 있었다. 현재 우리 마을에서 창업을 했던 것처럼 프랜차이즈와 아파트 상가 세탁소가 경쟁하고 있는 곳이다. 두 곳의 장점을 모두 갖추고 이를 어필하면, 즉 가격은 프랜차이즈의 장점을, 서비스는 아파트 상가 세탁소의 장점을 갖추면 고객들이 찾아올 것이라 생각한 것이다.

이를 위해 사람들이 어떤 곳으로 가는지, 불만은 없는지 이동거리는 어느 정도 되는지 등을 3개월간 파악했다고 한다. 세탁소에서 옷을 찾아가는 사람들에게 직접 물어본 것은 말할 것도 없다.

모든 분야의 부족한 점을 발견하기 위해서는 이와 비슷한 과정을 거친다. 상대의 장점과 단점을 파악해 단점을 더욱 보완해야 한다. 그러나 어떤 점이 불만인지 명확하게 아는 소비자는 많지 않다. 때문에 그들의 행동을 파악하고, 그 지역의 상권을 장악하면 세탁소가 아니라 음식점이나 학원 등 그 어떤 것으로 창업해도 지역 1위가 될 수 있다.

중요한 것은
입소문이다

　　　　　　　　버스 혹은 전철을 타고 가고 있는데 나와 상관없는 옆 사람이 어제 보았던 영화가 재미있었다고 말하면 그 영화의 제목이 무엇인지 귀를 기울이게 된다. 또한 동료가 회사 주위에 새로 개업한 음식점에 갔는데 맛이 대단히 좋았다고 말하면 그 음식점에서 꼭 점심을 사먹어야겠다는 생각을 하게 된다. 자신이 판매하는 상품이나 서비스를 나쁘게 말할 사람은 아무도 없다. 따라서 광고는 늘 좋은 점만 부각한다는 점을 이제는 모든 사람이 알고 있다. 그래서 사람들은 광고보다는 이미 경험한 사람들의 생각을 믿는 것이다.

　우리 주변에는 많은 네트워크가 존재한다. 친구나 동료는 물론이며, 우리의 고객들도 고객들끼리 네트워크를 형성하고 정보를 주고받는다. 어떤 서비스나 상품을 구매하고 그것이 마음에 들었으면 자신의 동료나 친구들에게 추천하며, 반대일 경우에는 험담을 한다. 따라서 아무리 언론을 통해 광고를 하고 홍보를 한다고 해도 그것은 입소문을 좀 더 빨리 내는 것에 불과하다. 따라서 언론 홍보보다 더욱 중요한 것은 입소문이다.

내가 알고 있는 작은 음향기기 사장의 경우 입소문을 철저히 믿었다. 아니 그럴 수밖에 없었다. 그가 판매하고 있는 상품은 대기업의 멋있는 음향기기보다 브랜드 인지도가 낮았으며, 상품의 질도 특별하지 않았다. 그러나 그는 철저한 A/S를 한다는 입소문으로 자신의 사업을 안정적인 궤도에 올려놓았다.

실례로 주말 오후 지방의 작은 마을에서 A/S와 관련된 연락을 받았다. 그러자 그 사장은 전화를 끊은 직후 지방으로 출장갈 수 있는 직원을 수소문했고, 함께 최대한 빠른 시간에 A/S를 할 수 있도록 최선을 다했다. 월요일까지 기다리거나 직원만 보내 대충 해결한 것이 아니었다. 기대했던 것보다 훨씬 높은 서비스를 받은 그 사람은 다른 사람들에게 이런 이야기를 했으며, 이는 곧 새로운 고객으로 이어졌다.

그런데 만약 입소문을 듣고 찾아오지 않은 고객에게 조금 더 신뢰를 주려고 한다면 어떻게 해야 할까? 이미 자신의 서비스나 상품을 사용했던 사람들의 후기를 이용하는 것이다. 최근 인터넷에서 판매하는 많은 상품들은 구매후기를 작성할 수 있는 곳이 있다. 사람들은 이미 구매했던 사람들의 평을 보고 상품을 살 것인지 말 것인지를 결정한다. 오프라인 매장을 가지고 있는 경우에도 비슷한 방법을 활용할 수 있다. 매장을 방문한 고객이 만족했다면 어떤 점에서 만족했는지 직접 쓸 수 있는 카드를 만들고, 그 카드를 작성한 사람에게 마일리지 등의 혜택을 주는 것이다. 그리고 특별히 잘 작성된 카드를 방문하는 모든 고객이 볼 수 있도록 게시한다.

포지셔닝이 되어 있다면 상품이나 서비스를 고매하는 사람들은 어차피 비슷한 일에 종사하고 있거나 비슷한 필요성을 느끼고 있는 사람일 것이다. 따라서 기존 고객이 만족했다는 것을 적극 알려야 한다. 이는 말로 설명할 수도 있으며, 시각적인 자료를 활용할 수도 있다.

광고나 기사 등의 언론매체를 통한 홍보보다 더욱 중요한 것은 바로 입소문이다. 다만 입소문을 활용할 때 주의해야 할 점이 한 가지 있다. 좋지 않은 소식은 좋은 소식보다 훨씬 빨리 번진다는 것이다. 따라서 기존 시장보다 작은 특화된 시장으로 진입할 때는 철저하게 좋은 모습을 보일 수 있도록 노력해야 한다. 고객 지향은 당신이 당신의 고객을 아는 것이 아니라 당신의 고객이 당신을 아는 것에 대한 것이기 때문이다.

고객의 지갑을 열게 하는
단 하나의 방법

　　　　　　　　　　마케팅 관련 많은 서적들은 어떻게 해야 더 많은 상품을 판매할 것인지 소개한다. 그러나 대부분의 책들이 소개하는 마케팅 방법들은 대기업에서나 실천 가능한 방법들이며, 대기업에서 성공한 방법들이다. 이런 방법들을 자금이 많지 않은 소규모 조직에서 활용하기란 쉽지 않다. 그러나 분명한 것이 한 가지 있다. 성공하는 마케팅의 핵심에는 바로 이익이 있다는 것이다.

　조금 원론적인 이야기를 해보자. 생명체는 모두 자기 자신에게 유리한 방향으로 진화했다. 그렇게 했기에 지금까지 살아남았다. 강한 것이 살아남은 것이 아니라 살아남았기 때문에 강한 것이 된 것이다. 다시 말해, 모든 생명체들은 이기적이다. 나는 꽃이 나비를 부르는 것도, 나비가 꽃을 부르는 것도 서로의 이익 때문이라고 생각한다. 즉, 자기 자신을 먼저 생각한다는 것이다. 그렇게 했기에 먹이사슬에서 낙오하지 않고 지금까지 살아온 것이다.

　사람도 마찬가지다. 자기에게 가장 유리한 쪽으로 결정을 내린다. 모든 비즈니스 관계는 물론이며, 심지어 엄마가 아이에게 젖을 물리는 것도 엄마의 이기심 때문이라고 생각한다. 아이에게 젖을 물리는 행동을 함으로써 마음의 안정을 더 크게 느끼기 때문이다. 모든 생명체는 자신의 이익에 따라서 움직이며, 사람도 마찬가지다. 본능은 그렇게 프로그램화 되어 있는 것이다.

돈을 벌기 위한 창업은 오래지 않아 실패한다. 그러나 사람들의 불편을 해소하기 위한 창업은 성공한다. 사람들은 자신을 돈벌이 대상으로 여기고 잇속을 챙기려는 사람보다 진심으로 자신을 염려하고 도와주는 사람을 좋아하고 자주 찾는다. 그런 면에서 모든 사람들은 이기적이다. 우리의 두뇌는 그렇게 프로그램화 되어 있는 것이다.

따라서 창업할 때는 고객에게 어떻게 하면 이익을 전해줄 것인가를 고려해야 한다. 그렇게 해야만 성공할 수 있다. 상품이 같다면 가격을 낮추는 방법을 고민해야 하며, 같은 가격으로 판매한다면 서비스나 품질, 혜택 등이 좋아야 한다. 어떤 식으로라도 이익을 주어야 하며, 이익을 주었을 때 사람들은 스스로 지갑을 열게 된다. 부자가 된다는 것은 불특정 다수의 사람들이 스스로 지갑을 열어 나에게 보상을 해줄 때만 가능하다. 수익은 고객이 받은 이익의 부산물이다.

광고를 하는 것과
실제 돈이 되는 것

만약 두 개 이상의 상품을 판매하고 있다면 어떤 것을 홍보해야 할까? 이런 질문에 대부분은 수익이 많이 나는 것을 중심으로 홍보해야 한다고 생각한다. 그러나 이는 절대적으로 잘못된 생각이다. 단지 수익이 많이 나는 상품을 홍보하는 것이 중요한 것 아니라, 향후 수익이 많이 날 수 있도록 홍보를 하는 것이 중요하다.

주말 오후 극장에 가보면 많은 사람들이 팝콘이나 음료를 사기 위해 줄을 서고 있다. 팝콘의 가격은 약 5,000원이며, 음료의 가격은 2,500원 선이다. 그런데 할인마트에서 판매하고 있는 팝콘 한 봉지의 가격은 1,000원이 채 되지 않으며, 음료의 가격은 1,000원가량이다. 즉, 최소 두 배 이상의 이익을 취하고 있는 것이다. 그런데 극장은 결코 팝콘이나 음료에 관한 홍보를 하지 않는다. CGV가 롯데시네마보다 더 맛있는 팝콘을 판매한다는 광고를 본 적이 있는가? 메가박스에서만 독점적으로 판매하고 있다는 음료에 대한 이야기를 들어보았는가? 아마 없을 것이다. 극장은 절대 극장 내에서 판매하고 있는 상품에 대해 홍보하지 않기 때문이다. 다만 극장에 사람이 더 많이 몰릴 수 있는 방법에 대해서만 고민한다. 따라서 더 인기 있는 영화를 오랫동안 상영하기 위해 노력하며, 더 편안한 부대시설을 갖추려고 노력한다. 결코 팝콘이나 음료에 대한 홍보는 하지 않는다.

그러나 수익적인 측면에서 보면 영화를 상영해 발생한 것보다 팝콘이나 음료 등의 상품을 판매해 더 높은 수익을 발생시킨다. 다시 말해, 광고를 하는 것과 실제 수익이 발생하는 것이 다르다는 것이다.

자동차 회사의 경우도 마찬가지다. 현대자동차와 같은 많은 자동차 회사들은 자동차를 팔아서 낸 수익보다 자동차 할부 금융으로 더 많은 돈을 벌어들인다. 그러나 결코 자동차 할부 금융으로 얼마의 수익이 발생했는지는 밝히지 않는다. 단지 최근에 어떤 종류의 자동차를 출시했으며 더 멋지고 편안한 차라는 점을 강조한다. 광고를 하는 것과 실제 수익이 발생하는 것이 역시 다르다.

나의 경우도 비슷하다. 사실 창업 컨설팅을 위한 업무는 전문성을 높이기 위한 것이다. 실제 수입은 회사를 운영하면서 더 많이 벌어들인다. 다만 내 전문성이 높아져야 내가 운영하는 회사를 더 많은 사람들이 찾는다. 이처럼 광고를 하는 것과 실제 수익이 발생하는 분야는 다르다.

그렇다면 왜 이렇게 해야 할까? 바로 사람들의 인식에 답이 있다. 사람들은 자신들이 보고 싶은 것만 보고, 듣고 싶은 것만 듣는다. 극장에 가는 이유는 영화를 보기 위해서이지 팝콘을 사먹기 위해서가 아니다. 따라서 어느 극장이 어떻게 팝콘을 튀겨서 얼마나 맛있는지 따위에는 관심이 없다. 그저 영화를 더 재미있고 편안하게 즐길 수 있는 곳이면 된다. 마찬가지로 복잡한 자동차 할부 금융에 대해서는 관심이 없다. 자동차를 구입해 더 멋진 자신의 모습을 상상하는 것이 핵심이다. 재정적으로 현명한 사람이라면 할부금까지 꼼꼼히 따지겠지만 그보다 더 중요한 것은 할부에 대한 이야기가 아니라 어떤 차를 살 것인지에 대한 것이다. 우선 구매할 자동차를 선택한 후 할부금에 대해 알아본다. 할부금에 대해 알아본 후 자동차 구입을 결정하는 사람은 거의 없다는 뜻이다.

—
지점은
어떻게 늘려야 하나
—

일을 잘하게 되면, 그리고 특별한 것을 제공하게 되면 고객은 늘어난다. 고객이 많이 늘어나면 그에 따른 자신감도 생기게 되며 점포나 고객 등을 확장해야겠다는 생각도 들게 마련이다. 그렇다면 점포는 어떻게 확장하는 것이 좋을까?

예를 들어, 한 음식점에서 김밥을 판매하는데 그 김밥의 맛이 다른 집들보다 훨씬 더 맛있어서 사람들이 몰린다고 가정하자. 매일 식사시간마다 줄을 서서 기다려야 겨우겨우 김밥을 사갈 수 있을 정도도. 때문에 사장은 즐거운 비명을 지르지만, 줄을 서서 기다리는 사람은 물론 종업원들도 조금씩 지쳐가고 있다. 이럴 경우, 어떻게 지점을 확대하는 것이 좋을까?

많은 사람들이 이렇게 장사가 잘되면 지금 장사를 하고 있는 곳에서 멀리 떨어진 곳에 새로운 지점을 내는 것을 생각한다. 왜냐하면 지금 가게의 단골들은 여전히 유지하면서 새로운 곳에 지점을 열면 그곳에 있는 또 다른 사람들에게 어필할 수 있다고 생각하기 때문이다. 그러나 조금만 더 깊이 생각해 보면 현재 지점에서 그리 멀지 않은 곳에 새로운 지점을 내는 것이 훨씬 효과적이라는 결론을 내릴 수 있다.

지금 지점과 너무 떨어져서 영향력이 없는 곳에 새로운 지점을 낸다면 다시 처음으로 돌아가서 홍보해야 하기 때문이다. 처음 자리를 잡을 때는 모든 것이 낯설다. 사람들은 그저 다른 지점과 비슷한 것을 판매하는 곳이 하나 더 생겼다고 여긴다. 수요보다 공급이 많은 세상이기 때문에 사람들에게 열심히 광고를 해도 대부분은 관심을 보이지 않는다. 때문에 특별한 것을 준비했다면 가장 중요한 것은 입소문이다. 더 좋은 상품이나 서비스를 하기 위해 노력해야 하는 것이다. 이렇게 노력한 결과, 사람들이 몰려들고 단골들이 생겼을 것이다. 그런데 도저히 한 개의 지점에서 감당할 수 없을 정도로 사람들이 몰렸다면, 다음 지점을 내야 하는 곳은 바로 옆 동네여야 한다. 다시 말해, 지금 지점을 찾아오기 힘든 사람들을 위해 편의를 제공해야 하는 것이다.

예로 들었던 김밥 가게의 경우 아무리 그 집이 맛있는 김밥을 제공한다고 해도 택시를 타고 먹으러 오지는 않는다. 부산에서 서울까지 김밥을 찾아오는 사람은 없다. 따라서 현재 지점의 영향권에서 완벽히 벗어난 곳이 아니라, 현재 지점의 영향권에서 어느 정도 벗어나 있으면서 사람들의 입소문이 퍼져 있는 곳에 지점을 내는 것이 현명하다. 이렇게 해야 홍보비를 아낄 수 있으며, 더욱 빨리 자리를 잡을 수 있는 것이다.

참고로 지점을 늘리는 것은 세일즈맨이 고객을 늘리는 것과 비슷하다. 세일즈맨은 그 스스로 하나의 지점이다. 다만 그 지점이 고객들을 찾아 움직이는 것이 다를 뿐이다. 그러나 고객의 입장에서는 크게 다르지 않다. 결국 세일즈맨에게 만족했던 기존 고객이 다른 고객을 소개시켜 준다. 소개가 이어지면서 고객이 증가한다. 사실 세일즈맨의 판매 성공 여부의 90% 이상은 고객을 만나기 전에 결정된다.

다만 일부 상품의 경우, 지속적으로 재구매가 힘들다. 자동차와 같은 상품은 한 번 구입하면 5년 이상 구매하지 않는다. 따라서 소개는 물론 거점도 확보해야 한다는 점이 다르다.

작은 조직이나 세일즈맨 모두 어떤 거점을 중심으로 확장해야 한다. 이런 거점을 통해 입소문을 활용하면, 확장을 하기가 훨씬 용이하다. 그러나 아무것도 없는 곳에서 시작한다면, 맨 처음 자리를 잡는 과정을 매번 새로 해야 한다. 다시 사람들에게 자신이 어떤 특별한 것을 가지고 있는지 알려야 하며, 사람들의 인식으로 진입해야 한다. 이 과정을 조금 수월하게 하기 위해서라도 거점을 통해 입소문을 활용해야 한다.

갈비집 사장님의
성공 이야기
—

경기도 소재의 한 갈비 전문점 사장님을 만난 적이 있다. 방문 전 검색을 통해 알아본 결과 이미 맛집으로 소문이 대단했다. 규모도 엄청났다. 점심이 끝난 3시경 찾아가니 키는 작지만 다부진 체격의 노인이 반갑게 맞았다. 이미 아무것도 하지 않아도 여생을 즐기며 살 수 있을 정도로 여유가 있었다. 절세 방법에 대해서도 세무사가 전문적으로 조언을 하고 있었으며, 가입해야 할 상품은 충분할 정도로 가입해 놓았다. 덕분에 더욱 편안하게 삶에 대해서 물어볼 수 있었다.

"식당 규모가 엄청나네요. 맛집으로도 정평이 나 있던데, 처음부터 음식 장사를 하셨나요?"

"아니, 그렇지 않아요. 나도 음식을 팔 줄은 몰랐어. 어떻게 하다 보니 여기까진 온 것이지……."

시간이 남아서였는지, 아니면 내가 워낙 관심을 갖고 물어봐서였는지 사장님은 자신의 얘기를 조금씩 풀어놓기 시작했다. 그리고 그분의 성공 노하우를 엿볼 수 있었다. 그분은 다른 부자들과는 사뭇 달랐다. 정말 자수성가한 부자에게서만 들을 수 있는 이야기였다.

이야기를 따라가면 이렇다. 1940년대에 출생, 집안은 그럭저럭 살 만했다. 그러나 6·25 전쟁 때 아버지는 군에 간 후 돌아오지 않았고, 피난 이후에는 아무것도 없이 살아야 했다. 공부도 잘하는 편이 아니어서 15살쯤 시장통에서 장사를 시작했다. 왜 그랬는지 남 밑에서 일하고 싶지는 않았다는 말도 덧붙였다. 그러다 20대 초반 우연한 기회로 미국으로 건너가게 되었다.

영어가 한마디도 되지 않았다. 영어가 안 되니 취직도 안 됐다. 그렇다고 굶어 죽을 수는 없었다. 배운 건 시장통에서의 장사뿐. 미국에서도 우리나라 5일장 같은 게 1주일에 한 번씩 열렸는데, 그곳 가장 구석에서 고물상에서 주워온 물건을 리폼해 팔았다. 물론 처음에는 아무도 거들떠보지 않았다. 시선을 끌기 위해 〈각설이 타령〉을 불러재꼈고 우스꽝스러운 춤도 췄다. 아니, 춤이 아니라 살기 위한 몸부림이었다는 말도 덧붙였다. 그 당시에는 미국도 별로 즐길 거리가 없었기 때문에 원숭이 구경하듯 작은 동양 남자의 모습을 보고 관람료 형식으로 몇몇이 작은 물건을 사갔다.

길거리에서 잠을 자고 끼니는 식당에서 버린 음식을 주워 먹으며 1년은 그렇게 정말 각설이처럼 살았다. 그러다 작은 가게를 인수했고, 주워들은 영어로 어느 정도 말도 통하기 시작했다. 고물을 리폼해 팔다가 아예 중고물품 전문 판매상이 되었다. 얼마 지나지 않아 빌딩 몇 채를 살 정도로 성공했다.

그러다 부모님을 모시러 다시 한국으로 들어왔다. 그런데 50살이 넘어 사업이 무너졌다. 더 이상 손때 묻히기 싫어 남들이 보기 좋다는 사업을 했던 것이 문제였다. 다시 30년 전 미국 생활 초창기처럼 아무것도 없었다. 그런데 한 가지는 잃어버리지 않았다. 바로 자신감이었다.

그동안 맛집을 계속 다녔던 경험 덕분에 갈비 맛을 구별하는 법은 알고 있었고, 그 비법을 찾기 위해 다시 각설이 타령을 하던 때처럼 미친 듯이 뛰어다녔다. 다만 이때는 조만간 성공할 것이라는 믿음이 있었다고 한다. 얼마 지나지 않아 자신만의 배합을 찾았고, 변두리에서 시작해 10여 년 만에 다시 성공한 사업가의 반열에 오를 수 있었다고 말했다.

두 시간 가까이 자신의 얘기를 하다가 결국 갈비에 소주까지 먹게 됐다. 그 사장님도 오랜만에 하는 추억 얘기가 흥거운 모양이었다. 술잔을 기울이며 성공 노하우에 대해 조금 더 치밀하게 물었다. 그분은 네 가지만 있으면 누구나 성공할 수 있다고 정리했다.

첫 번째는 외모身다. 물건을 팔려면 품질도 좋아야 하지만 포장도 잘해야 한다. 사람도 마찬가지. 성형수술을 하라는 얘기가 아니다. 누구를 만나더라도 당당하고 품격이 있어야 한다. 돌이켜보면 자신이 미국에서 각설이 타령을 할 때에도 부끄럽다는 생각은 하지 않았다고 한다. 또한 좋은 인맥을 만나야 성공의 길로 조금 더 빨리 다가갈 수 있는데, 당당하고 품격이 있어야 좋은 인맥을 만들 수 있다고 했다.

좋은 인상을 갖기 위한 방법에 대해 물어보니, 목표가 있어야 한다고 대답했다. 목표가 있어야 그 목표를 하나씩 이루면서 자신감이 커진다. 자신감이 커지면 자연히 인상이 좋아지며, 당당하고 품격 있어진다.

두 번째는 말言이다. 말은 상대방에게 기쁨을 주기 위해서 해야 한다. 비즈니스 관계에서 말은 확신에서 비롯된다. 확신은 치열한 노력에서 비롯된다. 따라서 성공하기 위해 노력하면 확신이 커지며, 확신이 커지면 자연히 상대방에게 기쁨을 줄 수 있는 말을 할 수 있게 된다.

세 번째는 지식書이다. 자신의 분야에 대해서 누구보다 더 잘 알아야 한다. 학위나 학벌을 뜻하는 것이 아니다. 지식이 깊을 필요도 없다. 사실 지금 갈비집을 운영하기 위한 지식은 얼마 없으며, 미국에서 중고물품 사업을 할 때도 많은 지식은 필요 없었다고 말했다.

네 번째는 판단력判이다. 그러나 이것도 별로 중요하지 않다. 그저 상식에 어긋나지 않을 정도의 판단만 하면 된다고 그는 말했다.

노하우를 듣고 정리해 보니 결국 당나라에서 인재를 선별할 때 사용하는 '신언서판身言書判'이었다. 그게 지금까지도 통하는 성공 노하우다. 그는 신언서판 순서로 중요하다고 얘기했다. 당당하고 품격 있는 인상이 가장 중요하며, 지식은 그중에서 중요도가 가장 떨어진다는 것이다.

창업 성공의
공통점

많은 사람들이 부자들도 재테크에 민감할 것이라고 생각한다. 맞다. 부자들은 재테크에 대단히 민감하다. 투자 자금에 대한 수익률은 물론이며 특히 절세 방법에 대해서는 상상 이상이다. 그러나 부자들은 부자가 되려고 노력했던 시기부터 이처럼 수익률에 민감하지 않았다. 부자가 1% 이자에 은행을 바꾸며 금리를 흥정하는 것은 이미 돈이 있기 때문이다. 자수성가한 대부분은 금융수익이 아닌 사업소득으로 부자가 되었다.

단도직입적으로 '재테크'란 돈을 버는 기술이다. 그렇다면 돈은 어떻게 버는가? 많은 사람들이 재테크는 단지 금융지식을 활용해 수익률을 높이는 것이라고 생각한다. 그러나 오산이다.

돈을 버는 제일 첫 번째 방법은 지금 하고 있는 일을 잘하는 것이다. 다른 사람보다 경쟁우위에 있는 기술이나 지식을 활용해 더 많이 몸값을 높이는 것이다. 금융투자로 돈을 버는 것은 아주 우연의 확률이거나 아니면 금융지식이 남들보다 경쟁우위에 있는 사람만 가능하다.

우리가 펀드매니저나 자산운용 전문가보다 더 돈을 잘 굴릴 자신이 없다면, 이들이 말하는 것을 그저 믿을 수밖에 없다. 이들이 설사 틀린 말을 했다고 하더라도……. 그런데 실제로 금융업의 속성상 이들은 늘 진실을 말하지 않는다. 자산 버블 초기에 진입한 거대 자금이 빠져나가기 위해 언론사와 연합해 개미들의 자산을 빨아들이는 것뿐이다. 이런 구조를 모르면 항상 뒤늦게 투자해 손해를 보고 빠져나올 수밖에 없다.

부자들이 투자 상품으로 돈을 벌었다는 환상은 깨끗이 버려야 한다. 다시 말해 금융 재테크로 돈을 벌 수 있다는 얘기, 즉 주식이나 펀드 투자로 부자가 될 수 있다는 얘기는 대부분 거짓말이다. 돈은 자신만의 경쟁우위로 버는 것이다. 그리고 일단 벌어야 굴릴 수 있다.

1부에서도 강조했지만 부자는 직장 생활을 하며 아끼고 쪼개 써서 되는 게 아니다. 남보다 뛰어난 경쟁우위를 확고히 하고 이를 시스템화 해야 한다. 이후 돈을 쌓이면 그 다음부터 재테크에 관심을 둬야 한다. 이것이 부자들이 말하지 않는 부자가 되는 비밀이다.

지금 직장인이라면 다니고 있는 회사의 시스템을 면밀히 분석해야 한다. 대부분의 회사 자본금은 일부만 사장의 돈이다. 극히 일부 자본만 투자하고 나머지는 빚이다. 다른 사람의 자본, 다른 사람의 능력을 끌어들여 사업이 만들어진다. 그 사업이 적정 궤도에 오르면, 즉 돈이 벌리는 시스템이 확고해지면 사장은 앉아서 돈을 벌게 된다.

핵심은 고객을 무한정 확장할 수 있거나 상품을 무한정 복제할 수 있거나 시간에 구애받지 않아도 항상 수익을 얻을 수 있어야 한다는 점이다. 예를 들어, 한 사람이 유기농 샐러드 가게를 냈다. 점포 하나로는 결코 큰 부자가 될 수 없다. 그러나 샐러드가 신선하다고 소문이나면 복제가 가능해진다. 제2, 제3의 점포를 계속해서 늘려나갈 수 있기 때문이다. 즉, 프랜차이즈로 만들 수 있다. 점포가 많아질수록 투입하는 노력 대비 수익은 증가한다. 프랜차이즈의 경우 고객 확장 및 상품 복제가 가능하다.

제조업은 일단 경쟁력을 갖춘 상품을 만들기는 어렵다. 그러나 상품을 무한정 복사할 수 있다. 경쟁력을 갖춘 상품을 만들어내기만 하면 다른 경쟁자가 시장에 들어와 수익을 원가 가까이 깎아먹기 전까지는 높은 부가가치로 무한정 복제해 판매할 수 있다.

온라인에서 판매하는 유통업을 한다면 시간에 구애받지 않고 항상 수익을 얻을 수 있다. 온라인 매장은 사장이 잠을 자고 있어도 구매할 수 있기 때문이다.

창업해서 큰 부자가 되는 방법은 세 가지로 요약이 가능하다. 큰 노력을 하지 않고 고객을 늘릴 수 있는가? 상품 판매를 늘릴 수 있는가? 시간에 구애받지 않고 판매할 수 있는가? 이것들을 한마디로 요약하면, 시스템 복제가 가능한가로 모아진다.

또 한 가지 덧붙이자면, 부자들은 돈을 쫓지 않는다. 그들은 타인의 욕구를 쫓는다. 사람들이 무엇에 관심이 있는지 파악하고 그들의 문제점을 해결해 주는 것이다. 문제점을 해결하면 고객의 자발적인 의지로 고객의 지갑이 열리게 된다.

온리 원을
너무 꿈꾸지 말라

　　　　　　　　　　　많은 사람들이 온리 원을 꿈꾼다.
그러나 대부분의 사람들에게 온리 원은 꿈일 뿐이다. 또한 온리 원이
라고 모두 성공하는 것은 아니다. 게다가 영세 자영업자에게 온리 원
은 아예 없다고 해도 과언이 아니다. 사실이다. 온리 원은 경쟁우위를
갖춘 사람이 자신을 더 좋게 포장한 것뿐이다. 그러니 온리 원을 너무
믿지 말자. 단지 경쟁우위를 만드는 방법을 고민해야 한다.

　지난 2013년 가수 싸이는 노래 〈강남스타일〉로 유튜브에서 최고 이
슈였다. 지금까지 동양인 중에서 싸이처럼 어필했던 가수는 없었다.
그는 다른 가수들이 미국 진출을 위해 몸매와 외모를 가꾸는 것과 전
혀 반대로 행동했다.

　술을 좋아한다고 공개적으로 얘기하며 뱃살을 강조하기도 했다. 또
한 자신의 평범한 몸매를 더 드러내는 의상을 갖췄다. 남들이 더 멋있
게 보이기 위한 뮤직비디오를 촬영할 때 재미있는 춤과 영상으로 뮤직
비디오를 촬영했다.

　미국인들은 싸이와 같은 동양인 가수를 본 적이 없었다. 그는 온리
원이었다. 그들은 싸이와 비슷한 매력을 갖춘 가수를 단 한 번도 본

적이 없었던 것이다. 그래서 짧은 기간이었지만 인기를 독차지했다.

그러나 〈강남스타일〉의 대성공 이후 야심찬 후속곡 〈젠틀맨〉으로 명성에 먹칠을 하고 말았다. 가장 큰 이유는 〈강남스타일〉이라는 전무후무한 히트곡으로 이미 어마어마한 기대치가 존재했기 때문이다. 다시 말해 〈강남스타일〉을 반복하지 않으면서 싸이만이 할 수 있는 새로운 스타일을 만들어내야 했다. 온리 원이면서 기존 싸이와 다른 온리 원이 되어야 했던 것이다. 기존보다 더 신선한 충격과 기존보다 발전한 모습을 보여줘야 했던 것이다. 그러나 원작을 뛰어넘는 후속작이 나오기는 쉽지 않다. 〈젠틀맨〉은 히트를 치지 못했고, 싸이는 다른 가수들과 차별성이 사라졌다. 온리 원이 사라진 것이다. 때문에 급속도로 세계인들의 기억 속에서도 사라졌다. 다만 싸이가 다시 전 세계적인 히트를 친다면, 그것은 다시 싸이만 볼 수 있는 매력을 발산했을 때가 될 것이다.

경제 분야에도 비슷한 예는 너무나 많다. 아이폰으로 스마트폰 시장을 개척하면서 온리 원이 되었던 애플도 싸이와 비슷하다. 애플이 최초 아이폰을 공개했을 때 세상은 열광했다. 스마트폰은 아이폰과 아이폰이 아닌 스마트폰으로 구분될 정도였다. 그러나 삼성전자와 구글 등 전자 대기업들이 아이폰의 아성을 뛰어넘는 기술과 디자인을 접목했다. 게다가 아이폰은 스티브 잡스라는 아이덴티티까지 잃었다. 즉, 온리 원의 아성을 잃고 있는 것이다. 때문에 아이폰의 팬은 점차 줄어들고 있는 실정이다.

이제 장사 얘기로 다시 돌아가 보자. 우리가 일반적으로 구매하는 생필품, 먹는 음식, 입는 옷 중에 온리 원은 없다. 다시 말해, 우리가 소자본으로 창업해서 판매할 아이템 중에서 온리 원은 없다. 단지 온리 원처럼 보이는 것만 있을 뿐이다.

일반적으로 식당은 11시 30분에서 1시 사이 점심시간, 6시부터 8시 저녁시간에 가장 활기차다. 식사시간에 맞춰 손님이 몰리기 때문이다. 그런데 일부 식당의 경우, 아침부터 저녁까지 대기표를 받아야만 식사가 가능한 곳도 있다. 음식이 정말 맛있거나 맛은 특별할 게 없지만 가격이 저렴한 곳이 대부분이다. 물론 최고는 맛있으며 가격도 저렴한 곳이다.

그런데 이런 곳을 온리 원이라고 할 수 있을까? 예를 들어, 광장시장에는 '마약김밥'이라는 맛집이 있다. 저렴하면서도 맛있다. 내용물을 많이 넣지도 않았는데 특유의 감칠맛이 있다. 때문에 아침부터 줄을 서야만 구매할 수 있다. 속초에도 만석닭강정이라는 유명한 집이 있다. 그런데 이런 맛집을 온리 원이라고 할 수 있을까?

내가 보기에는 온리 원이 아니다. 비슷한 맛을 내는 곳도 찾아보면 얼마든지 있다. 다만 약간의 경쟁우위가 있을 뿐이다. 그리그 그 약간의 경쟁우위를 언론 등을 통해 소비자의 인식에 확실히 각인되었을 뿐이다.

거대 자본이 투입되는 연예계와 대기업들만 전쟁할 수 있는 최첨단 IT 제품들도 온리 원은 만들기가 결코 쉽지 않다. 만약 온리 원이 되었다고 해도 그건 아주 잠시일 뿐이다. 일반적으로 잘나가는 상품은 온리 원이 아니라 경쟁우위가 있는 상품이다. 게다가 온리 원을 만들기 위해서는 싸이의 〈강남스타일〉처럼 아주 우연의 확률이 이루어지거나 애플의 아이폰처럼 많은 자본이 투입되어야 한다. 소자본 창업자는 온리 원을 만들기 위해 높은 비용을 들이면서까지 노력할 필요가 없다. 다만 내 경쟁자보다 약간의 장점을 소비자들에게 더 어필하는 것이 현명하다.

—
이렇게 하면
반드시 실패한다
—

어떤 사장들은 참으로 편해 보인다. 실제로 내가 아는 사장 중 일부는 정말 하는 일이 없는 것처럼 보이는 사람도 있다. 그중 최고로 한가해 보이는 사람은 오후 3시에도 번호표를 뽑아야만 먹을 수 있는 맛집 사장이다. 맛은 주방장이 낸다. 서빙은 종업원이 하고, 카운터는 지점장이 본다. 이런 매장을 몇 개 가지고 있다. 그런데 겉에서 보기에 그 사장이 하는 일이라곤 일주일에 두세 번쯤 들러 현금을 가지고 가면서 직원들에게 잔소리를 하는 게 전부다. 그러나 그는 최고급 벤츠 뒷좌석에 앉는다. 1년에 몇 번이나 가족들과 해외여행을 떠난다.

실제로 이 사장과 얘기를 해보면, 자신은 별로 하는 게 없다고 한다. 주방장이 퇴직을 하는 등의 특별한 일만 없다면 인생 자체가 무료하다고 말하기도 한다. 직원들이 보는 그대로 가끔 매장에 들러 현금을 가져가고 잔소리하는 게 전부라고 말한다.

이런 사장을 보면 대부분의 사람들은 그저 '부럽다'고 말할 것이다. 물론 나 역시 이 사람이 부러웠다. 그러나 그가 만들어 놓은 시스템을 보면, 과거에 얼마나 많은 고생을 했는지 짐작할 수 있다.

김연아 선수는 지금부터 스케이트를 1년 동안 한 번도 신지 않는다고 해도, 3년 전부터 스케이트를 배우기 시작한 사람보다 훨씬 잘 탈 것이다. 과거에 많은 연습을 했기 때문에 근육이 스케이트를 잘 타는 법을 기억하기 때문이다.

현재 최고의 MC로 방송 3사에서 활약하고 있는 강호동 씨가 과거 최고의 씨름 선수였다는 점을 모르는 사람은 없다. 씨름판에서 은퇴를 한 지 20년도 더 지났지만, 한 방송에서 나왔듯이 웬만한 일반인들은 몇 명을 연속해서 상대한다고 해도 지치지 않고 제압한다.

어쩌면 한가한 사장들은 이런 운동선수와 같을지 모른다. 운동선수가 수많은 연습을 통해 자신의 종목에 맞는 근육을 키워내는 것처럼, 돈을 버는 시스템을 완성시킨 것이다. 앞에서 얘기한 음식점 사장을 다시 예로 들어보자.

이 사장이 파는 음식 종류는 그다지 특별하지 않다. 한 동네에 몇 개씩이나 있는 탕 종류다. 그러나 대부분 탕을 파는 음식점은 반찬이 5가지 이하에 불과하다. 이 집은 밑반찬 종류만 10가지 정도 된다. 모두 깔끔한 맛으로 유명하다. 반찬 종류가 조금 많다는 것 빼고 특별할 게 없다. 음식이 맛있는 편이지만 그렇다고 엄청나다고 할 정도는 아니다.

다만 이 사장이 음식점을 낼 때 반드시 고려하는 게 있다. 바로 입지다. 버스터미널, 기차역, 관광지 등 일명 '뜨내기손님'들이 자주 오는 곳에서만 영업한다. 손님들은 아무런 기대도 하지 않고 음식점에 들른다. 가격도 조금 비싼 편이다. 그러나 들어오는 모든 손님들이 '돈값'을 했다고 만족한다. 때문에 다음에 또 여행 올 때 반드시 들르는 곳이 된다.

보통 식사를 위한 음식점의 테이블 회전은 하루 10회 미만이다. 7번 정도만 하면 손해를 보지 않는 정도다. 그러나 이곳은 많을 경우 20회전 이상이다. 유동인구가 많은 곳에서 괜찮은 맛과 푸짐하고 깔끔한 반찬으로 소문이 났기 때문이다.

물론 비슷한 아이템과 비슷한 전략으로 주변에서 경쟁하는 사람이 등장하기도 한다. 그러나 이 사장은 그럴 때마다 밑반찬의 양을 늘리는 것은 물론 더 비싼 재료를 사용했다. 심지어 재료비로만 70% 가까운 비용을 사용할 때도 있었다. 집에서 먹는 것보다 더 저렴한 가격으로 편안하게 식사를 하니 손님들은 이곳을 찾을 수밖에 없는 것이다.

물론 이 사장이 처음부터 이런 노하우를 가지고 있었던 것은 아니다. 처음에는 재료비가 아까워 요식업을 하던 선배들의 말처럼 매출에 재료비를 30% 이하로 맞추기도 했다. 그러다 손님이 없어서 상할 것 같은 재료를 푸짐하게 내놓기 시작했다. 성공 노하우를 깨달은 것은 '울며 겨자 먹기' 식으로 저렴하게 구입한 식재료를 상해서 못 쓰게 될 바에야 손님에게 내놓겠다는 생각 덕분이었다. 그런데 같은 값으로 더 푸짐하게 먹고 간 손님들이 다시 찾아왔다. 때문에 어떤 식재료든 일단 푸짐하게 사기 시작했다. 처음에 많이 사면 손님들에게 더 많이 내놓을 수 있었다. 남지 않더라도 푸짐하게 제공하기 시작한 후 4개월 정도 지나자 손님들이 눈에 띄게 많아지기 시작했다. 그리고 이때부터 본격적으로 돈이 되기 시작했다. 장사 선배들이 "돈을 쫓으면 돈이 도망간다. 대신 사람을 쫓으면 돈이 찾아온다"고 하는 말의 뜻을 정확히 이해할 수 있었다.

그리고 자신이 만든 시스템을 정확하게 이해하기 시작했다. 성공한 시스템은 손님들이 전혀 기대 없이 단지 한 끼를 해결하기 위해 들어온 식당에서 기대보다 만족했다는 점이다. 좀 더 정확히는 몇 개월에 한 번씩 들르는 뜨내기손님을 단골로 만든 것이다. 게다가 많은 유동인구와 끼니때를 놓친 사람들로 인해 식사 때가 아닌 3시에서 4시 사이에도 어느 정도 손님을 확보할 수 있었다. 즉, 오피스나 아파트 상가 상권보다 테이블 회전수를 높일 수 있다는 점도 포인트다. 매출이 어느 정도 이상 증가하면 대량 구매가 가능해져 박리다매로 수익을 낼 수 있었다.

이런 시스템 구조를 깨닫고 나니 돈을 버는 것이 더 이상 어렵지 않았다. 비슷한 상권, 즉 유동인구가 풍부해 뜨내기손님이 많은 곳에 집중했다. 그리고 약간 비싼 가격에 많은 종류의 반찬으로 승부했다. 매장을 늘릴수록 대량구매가 가능해져 더 저렴하게 재료를 공급받을 수 있었다. 요컨대 박리다매로 고객을 유인하는 전략이 성공 시스템의 핵심이었다.

사실 많은 예비 창업자가 착각하는 것이 있다. 창업 후 성공하기 위해서는 남들이 하지 않는 아이템이어야 한다는 생각이다. 또 반드시 브랜드가 있어야 하며, 원재료 대비 부가가치가 높아야 한다는 것 등이다.

그러나 실제 창업을 해보지 않은 사람들이 말하는 대부분은 오해에서 비롯된 것이다. 앞에서 예를 든 사장은 특별할 게 아무것도 없다. 아이템이 특별하지도, 브랜드가 있지도 않았다. 게다가 재료비를 아끼지도 않았다. 다만 유일하게 특이점을 꼽자면 입지다. 그러나 입지가 성공의 전부라고 말할 수는 없다.

또 다른 사례를 살펴보자. 일반적으로 문구용품은 오피스 밀집 지역이나 학교 근처, 아파트 상가 등이 최고의 입지라고 말한다. 그러나 오산의 한 문구용품 체인점은 도심지와 조금 떨어진 곳에 위치해 있다. 아니 조금 과장하면 차를 타고 10분 정도는 이동해야 하는 곳이다. 처음 이곳에 문구점을 낸다고 했을 때 모든 사람들이 반대했다. 1,000원짜리 문구용품을 사겠다고 자동차를 타고 가는 사람이 누가 있겠냐는 이유에서다. 그러나 결론부터 말하면 현재 오산 최고의 문구점이 되었다.

성공 요인은 바로 넓은 매장이다. 도심지가 아니기 때문에 매장을 늘릴 수 있었다. 덕분에 서울에 나가야만 구입할 수 있다는 오피스 용품까지 갖출 수 있었다. 게다가 대량구매 고객을 위한 주차장까지 마련할 수 있었다. 오산은 물론 인근 도시에서도 고객들이 몰려왔다. 이런 고객들은 한 번 구매할 때 수십만 원에서 백만 원 이상 구매하기도 했다. 즉, 객단가까지 자연스럽게 높아졌다.

저렴하게 많은 용품을 구매할 수 있다는 입소문이 나자 오피스용품 고정 납품 계약을 하는 기업이 증가하게 됐다. 결국 불편한 입지에도 불구하고 많은 오피스용품을 구비한 것이 성공 포인트가 된 것이다.

예비 창업자들은 창업 이후 반드시 특별한 것이 있어야 한다고 착각한다. 아이템이나 브랜드 혹은 입지라도 튀어야 한다는 생각이다. 그러나 사실 성공 여부는 경쟁우위에 있다. 수많은 경영 관련 서적들이 '온리 원'이 되어야 한다고 강조한다. 세상의 하나뿐인 것을 판매하고 있다면, 군이 판매하려고 하지 않아도 구매자가 줄을 설 것이라는 논리다.

그러나 이는 일부 대기업에서만 가능한 논리다. 자영업으로 시작해야 하는 대부분의 창업자들은 온리 원이 될 수 없다. 다만 경쟁자보다 조금 더 우위에 서는 그 무엇 하나만 확보하면 된다.

성공한 창업자들은 경쟁자보다 반드시 우위에 있는 것 하나는 확보하고 있다는 점은 명심해야 한다. 맛으로 승부할 수 없다면 양으로 차별을 두어야 한다. 양으로 안 된다면 인테리어라도 특별해야 한다.

장사를 할 때의
자세

　　　　　　　　　장사는 무엇이고 사업은 무엇일
까? 아마 장사는 판매 구획이 한정되어 있다는 점이며, 사업은 지리적
장소를 뛰어넘어 원거리에 있는 사람들까지 대상으로 한다는 점일 것
이다.

　예를 들어, 설렁탕집을 개업했다고 치자. 당연히 주된 손님은 인근
주민들과 그 식당 앞을 지나가는 사람들일 것이다. 즉, 고객의 활동 반
경이 당신과 물리적으로 동심원을 이루고 있다. 그런데 설렁탕집을 잘
운영한 덕에 소문이 나서 설렁탕 육수를 전국적으로 판매하기 시작했
다. 이 경우 고객들의 활동 반경은 이미 당신과 지리적으로 큰 차이를
보이게 된다. 이게 바로 사업이다.

　서울 강남 테헤란로에 있는 대형 빌딩을 생각해 보자. 지하에는 수
많은 상점들이 있는데 그들은 모두 장사를 한다. 그곳에 있는 옷 가게
들도, 식당들도, 고층부에 있는 고급 식당들도 모두 장사를 한다. 그러
나 그 빌딩의 사무실 층에 있는 회사들은 어떨까? 사무실이 아무리
작더라도 대부분 사업을 한다.

　대부분의 자영업자들은 장사를 하는 것이라고 생각하면 된다. 그러

나 장사가 잘되어 프랜차이즈를 냈다면 사업으로 업종이 변환된다. 장사는 그것이 행하여지는 지리적 장소가 곧 고객과 만나고 고객의 욕구를 충족시키는 영업장소가 된다. 때문에 입지가 중요하다. 음식점이나 옷가게를 할 때 유동인구가 많은 곳에 자리를 잡아야 한다. 장사이기 때문이다. 손님이 먼 곳에서 찾아올 정도로 유명해졌다면 어떨까? 고객과 만나는 장소에는 변화가 없기 때문에 여전히 장사에 속한다.

반면에 사업은 그것이 행하여지는 지리적 장소를 벗어나 고객과 만나고 고객의 욕구를 충족시킨다. 예를 들어 아주 단순한 상품을 제조해서 인터넷으로 판매해도, 그 사무실이 지하실에 있어도 그것은 사업이다. 아니 사무실이 허름한 지하창고여도 되는 것이 사업이다.

사업이나 장사를 구분할 때 그 법적 구성 형태, 이를테면 주식회사인가 아니면 개인 사업자인가 따위는 큰 의미가 없다.

장사를 하는 목적은 돈을 벌기 위해서다. 그런데 재미난 사실은 '돈을 벌려고 하면 절대 돈을 벌지 못한다'는 점이다. 보통 사람들은 이 말의 의미를 잘 모른다. 경험한 바가 전혀 없기 때문이다. 하지만 그 말은 정말 전 세계 어느 나라에서나 통하는 진리다. 사람들은 모두 지불한 돈보다 더 많은 효용가치를 얻고 싶어 하기 때문이다. 쉽게 말해 1만 원을 지불했으면 최소한 1만 원 이상의 가치가 얻기를 원한다. 낸 돈보다 더 많이 받기 원하기 때문에, 돈을 벌려고 하면 사람들은 더 이상 자신의 의지로 지갑을 열지 않는다.

예를 들어 보자. 아주 작은 식당 하나를 개업했다. 돈을 벌어야 하므로 5,000원짜리 된장찌개에 들어갈 재료들의 원가를 생각할 것이고 한 그릇을 팔았을 때 남게 될 이득을 계산한다. 그리고 찌개 몇 그릇을 팔아야 월수입이 얼마가 될 것이라는 생각을 한다. 그러나 '이득 = 판매가 - 원가'라는 공식을 믿으면 성공과는 멀어진다.

우선 생각해야 할 것은 '맛'이다. 고객이 찾는 것은 맛있는 음식이다. 때문에 맛을 내기 위해 엄청난 노력을 해야 한다. 그런데도 된장을 직접 만들 생각은 하지 않고 깡통에 담긴 공장제품을 사다 쓰려고 하고, 새벽에 시장에 가서 직접 신선한 야채를 구하는 것이 아니라 피곤하다는 핑계로 납품업자에게서 받아다 쓴다면? 게다가 원가까지 생각한다면? 절대 차별화를 만들 수 없다. 심지어 맛도 없고, 이처럼 원가만 생각하는 사람 대부분은 친절하지도 않다.

장사가 잘 안 되는 식당일수록 밥맛이 없다. 당연하다. 장사가 안 되니 원가를 절감하기 위해 더 저렴한 재료를 쓴다. 재료의 질이 떨어져서 더 장사가 안 된다. 이런 악순환이 반복되는 것이다. 그런데 메뉴가 잘못된 것인 줄 알고 분식점처럼 공장에서 찍어낸 메뉴만 늘린다.

부자 부모를 두어 편안하게 살았던 지인이 있다. 20대에 상속 받아 백억 원대의 부동산 임대업 회사를 운영하기 시작했다. 그러나 자신이 잘 알지도 못하는 부분으로 사업을 확장하고, 골프나 치러 다니면서 결국 30대 중반에 쫄딱 망해 버렸다. 심지어 이혼까지 하게 된다. 그런데도 그는 어렸을 때 알았던 부자 친구의 사무실에 눌러앉아 40대 중반까지 10년의 허송세월을 보낸다.

평생 이렇게 살 것이라고 생각했던 그분께 연락이 왔다. 아주 작은 고깃집을 냈다는 것이다. 혹시나 하는 마음에 찾아갔다. 인테리어는 형편없었다. 게다가 월세이며 임대기간도 2년에 불과했다. 더 정확히 말하자면, 인테리어에 투자할 수조차 없었던 것이다. 10년 허송세월을 보내면서 그나마 가진 돈도 전부 썼다. 그런데 저녁시간이 되자 손님들이 물밀듯이 들어왔다. 북새통 틈에서 겨우 삼겹살을 먹어봤는데 최고였다. 반찬들 맛도 최고 수준이었다.

아내도 없고 자식들도 없으니 음식점에서 자면서 새벽에 시장에 나가 재료를 사오고 음식도 직접 준비하는 것이 그의 일과였다. 주방장이 하는 일은 고기를 썰고 반찬을 그릇에 담는 것이 전부였다. 때문에 평범한 아줌마 한 명이 주방을 볼 뿐이었다. 홀은 아르바이트 두명이 전부다.

그분이 어떻게 이렇게 맛있는 고기를 팔게 되었는지 궁금했다. 대답은 단순했다. 30년 동안 부자로 살면서 맛있는 음식은 죄다 먹어 봤기 때문이라고 했다. 덕분에 내 입맛에 맞는 고기 맛을 내기 위해 직접 소스 개발도 하고 반찬도 만들어 봤다고 했다. 이미 자기 자신이 맛없는 집에서는 지갑을 열지 않기 때문에 음식점은 일단 맛이 가장 중요하다는 점을 자연스럽게 깨달은 것이다. 10년 정도 얹혀 살다 보니 친구들도 모두 떠났기 때문에 어쩔 수 없이 일을 해야만 했다는 얘기도 덧붙였다. 그래도 다행인 것은 이제 세금을 걱정해야 할 수준이라는 점이었다.

장사는 이런 것이다. 먹는 장사라면 배부른 자들의 입에도 맛있는 음식이어야 한다. 옷이라면 명품 가방이 수십 개가 되는 부자라도 예뻐 보여야 한다. 그래야 장사에서 성공할 수 있다. 단지 원가를 생각해 품질 낮은 제품을 더 낮은 가격에 판매하려고 하면 안 된다.

그러나 아이러니한 점이 있다. 원가를 아끼지 않기 때문에 처음에는 이익이 남지 않는다. 이익이 남지 않으니 처음에는 사장 본인이 코

피가 터질 정도로 부지런해야 한다. 몸이 좀 피곤하므로 직원을 고용하여 새벽시장에도 다녀오게 하면 되지 않을까? 그러나 결국 종업원을 쓰는 것도 비용이 발생한다. 게다가 대부분의 종업원은 책임의식도 높지 않다.

음식점으로 설명했지만 다른 장사도 그 성공 원칙은 비슷하다. 무슨 장사를 하건 간에 우선은 월급을 많이 안 줘도 되는 본인의 몸을 24시간 굴리는 것이 가장 바람직하다. 그래야 주변의 경쟁자들 우위에 설 수 있다. 경쟁자들은 자기 인건비, 종업원 인건비, 투자비용 등등을 생각하고 있을 것이므로, 그들의 오버헤드 코스트overhead cost가 당신에게 있어서는 거의 최저 수준이 된다. 그 대신 고객에게 그 혜택을 돌려주면 소문은 반드시 나게 되어 있다.

물론 소문이 나는 데는 시간이 걸린다. 음식점이라면 최소 3개월이다. 일상생활에서 흔히 사용하지 않는 물품은 1년 가까이 걸리기도 한다. 이는 최소 시간이다. 때문에 무슨 사업이나 장사이건 간에 창업 후 3년은 이를 악물고 고생할 각오를 해야 한다. 개업 이전에 철저히 준비해 경쟁자보다 고객에게 어떤 혜택을 더 줄 것인지를 끊임없이 생각해야 한다.

아울러 창업 초기에 온 고객에게 외면당한다면 성공 가능성은 한없이 제로에 가깝다. 단 한 명의 고객도 소홀히 대해서는 안 된다. 이렇게 3년을 반복하면 신뢰가 쌓인다. 신뢰와 입소문이 쌓이면 고객이 줄을 선다. 이때부터 실제로 이익이 발생하기 시작한다. 재료도 대량으로 구입할 수 있기 때문에 가격경쟁력도 생긴다.

결론적으로 현재 사장이 혹은 지금까지 봐 왔던 사장이 직원들보다 한가해 보인다고 창업을 결정한다면 반드시 실패한다. 초기에는 사장 혼자 경영은 물론 영업, 회계까지 모든 것을 해야 한다. 그래야 경쟁력이 생긴다. 창업 초기에 자유시간이나 휴식시간 따위는 없다. 잘 때까지도 일에 대해 생각해야만 경쟁우위를 만들 수 있는 것이 창업이다.

아울러 고객이 왜 스스로 지갑을 열어 값을 지불하는지 정확히 파악해야 한다. 고객이 원하는 것은 무엇인가? 그것을 어떻게 충족시킬 수 있는가? 이런 고민을 계속 반복해야 한다. 더 나은 품질의 상품을 제공하고 더 서비스를 잘해야 한다.

—
사업을 할 때의
자세
—

사업은 장사와 성공 원칙을 상당 부분 공유한다. 사업은 어디서 어떤 사무실을 오픈했는지가 중요하지 않다. 상품만 제대로 만들어 판매하면 된다.

그러나 수많은 예비 창업자들이 오해하는 것이 있다. 어쩌면 영화나 드라마 때문일지도 모른다. 사업은 멋있는 사무실과 커다란 사장실이 있어야 된다는 오해다. 그러나 초기에 성공하려면 절대로 사무실로 폼을 잡으면 안 된다. 쾌적하고 여유로운 공간에서 일하면 좋겠지만 사업 초기에 그럴 돈이 있다면 그냥 창업하지 않고 편안하게 사는 게 더 나을 수도 있다.

창업 초기에는 영업망을 확충하고 돈이 나오는 시스템을 만드는 데 총력을 기울여야 한다. 직원 월급도 돈이며 시스템을 구축하는 데 들어가는 시간도 돈이다. 그런데 멋진 사무실로 높은 임대료까지 지불한다면? 여유자금이 충분해 창업을 하지 않고 먹고살 만한 사람이 아니라면 반드시 실패한다.

어느 창업투자회사는 기업을 방문할 때 필요 이상의 관상식물이나 유명 화가의 그림, 골프채, 저명인사와 찍은 사진 등이 있다면 결코 투자하지 않는다는 원칙이 있다. 사장이 고급 양복에 좋은 시계를 차고 있는 데다 고급 외제차까지 굴리고 있다면, 미팅도 하지 않는다.

사업도 장사와 마찬가지로 누구에게 어떻게 판매할 것인지 명확히 해야 한다. 준비가 철저해야 함은 물론이다.

지인의 소개로 한 분과 컨설팅 상담을 했다. 그분은 대기업 은퇴 후 할 일을 찾고 있던 50대 중반이었다. 대기업에서 연봉은 1억 이상이었다. 그런데 과거 본인의 결정으로 몇 백억까지 승인을 내주며, 부하 직원을 몇 명 데리고 있었다는 것만 생각했다. 그러면서 멋진 사무실과 폼 나는 직업을 쉽게 찾는 방법만 고민했다.

그분의 말을 따라가면 이렇다. 회사에 다니면서 거래처 중 하나가 중국에 있다. 중국에서 저렴한 물건을 사와 국내에서 판매하면 괜찮지 않겠냐는 것이다. 그러면서 유통업체를 좀 찾아줄 수 있는지 물었다.

그분의 얘기가 끝나자 질문을 이어갔다. 중국에 계신 분을 얼마나 신뢰하며, 어느 정도 가격에 물건을 가져올 수 있는지, 만약 거래가 끊기면 직접 중국에 가서 물건을 떼올 수 있을 정도로 중국어가 가능한지, 물건은 상품성이 있는지 등이었다.

그런데 대답은 가관이었다. 중국에 계시다는 지인은 그냥 대기업에 있을 때 회사 실무자들이 이메일이나 전화를 통해 연락하던 사람이었다. 신뢰관계가 거의 없었다. 떼온다는 물건도 대기업에 있을 때, 행사 상품에 서비스 품목으로 주기 위한 것이었다. 다시 말해 품질이 형편 없었다. 게다가 중국어도 여행을 가서 써먹을 정도의 수준이었다. 돈을 쓰기 위한 외국어는 쉽다. 그러나 돈을 벌기 위한 외국어는 어렵다. 우리나라 말도 법률용어나 금융용어는 대단히 어렵다. 무역을 통해 돈을 벌겠다면, 그 나라의 언어로 법률용어까지 해박해야 하는데, 전혀 그런 준비가 되어 있지 않았다.

때문에 더 이상 컨설팅을 진행할 수 없었다. 준비가 전혀 되지 않은 상태에서 창업하면 소중한 퇴직금만 날리기 십상이었다. 그저 중국인들이 반품이나 재고품을 처리하는 데 이용할 것이 눈에 보였다.

창업은 전쟁터다. 과거 전쟁이 '땅'을 놓고 다퉜다면 창업은 '돈'을 놓고 다투는 곳이다. 전쟁에서 승리하기 위해서는 확실한 작전과 무기가 있어야 한다. 그리고 언제 어떻게 공격할 것인지 철저히 준비해야 한다. 그런데 많은 창업자들이 이런 생각을 깊이 하지 않는다. 처음부터 심사숙고해서 창업하면 반 이상 성공한 것이다. 그러나 준비하지 않고 막연하게 창업하면 1년도 버티지 못한다.

사업 초기에 또 하나 알아야 할 것이 있다. 서점에 가면 수많은 경영 서적들이 존재한다. 대부분은 삼성, 애플, MS, 도요타 등 세계적인 대기업이 어떻게 경영하는지를 다룬 책이다. 이런 책을 읽고 종업원이 10명도 채 안 되는 자신의 회사에 적용하려는 생각을 버려야 한다.

'사업 = 경영'이 아니다. 초기에는 '사업 = 영업'에 더 가깝다. 돈을 벌어서 망했다는 회사는 없다. 그리고 돈을 벌어야 경영을 한다는 얘기도 들을 수 있다. 또한 삼성은 애플이 아니다. 삼성의 경영철학을 애플로 옮길 수도, 애플의 노하우를 도요타로 옮길 수도 없다. 그것은 그저 그들의 얘기다. 따라서 사업을 하려면 어떻게 돈을 벌어들일 것인가만 고민하면 된다. 거창하게 경영학에 대해 말하는 책이라면, 당분간 책장에 두는 것이 좋다.

직원들 관리는
어떻게 해야 하나

창업 이후 어느 정도 자리가 잡히면 가장 고민스러운 것은 바로 사람 관리다. 초기에는 사장이 많은 일을 해야 한다. 그러나 언제까지 혼자서 모든 일을 처리할 수는 없다. 게다가 기계처럼 일하려고 창업한 것은 아니다. 따라서 어느 정도 수입이 생기면 직원을 고용해야 한다. 그렇다면 직원은 어느 정도 채용하고 급여는 얼마로 맞춰야 할까?

먼저 어떻게 채용해야 하는지 알아보자. 아마 창업을 한 본인도 사회 초년생 때 남들이 보기에 좋고 연봉도 높은 회사에 입사하고 싶었을 것이다. 창업 직후라면 이런 조건을 맞출 수 없다. 연봉도 높게 줄수 없고, 경쟁력도 없다. 사무실도 허름한 구석 건물에 있을 확률이 높다. 이런 회사에 훌륭한 인재가 들어올 것이라고 생각하지는 않을 것이다. 아무리 취업난이 심각하다고 해도 마찬가지다.

때문에 그저 아무나 뽑아야 한다. 대신 한 가지 조건이 있다. 이미 사장 본인이 할 수 있는 일이지만, 시간 분배를 위해 대신 일을 해준 사람을 뽑는 것이다. 따라서 파트타임을 뽑아도 되고 경력 단절 여성을 뽑아도 상관없다. 말없이 출근하지 않거나 갑자기 퇴직해도 그저 사장 본인이 조금 바쁘면 된다.

예를 들어, 작은 식당을 창업했다고 하자. 식당은 최소 3명이 필요하다. 주방과 홀, 그리고 카운터다. 처음 창업을 한 사장은 직접 음식을 만들고 옮기며 계산을 할 줄 알아야 한다. 즉, 3명의 일을 혼자서 전부 해야 한다. 그런데 손님이 많아져 음식을 만들다가 계산할 수 없을 때가 되면, 그때 비로소 주방장을 뽑아야 한다. 주방장도 사장이 알려준 조리법을 그대로 실행할 사람이다. 주방장이 직접 요리를 개발할 정도가 아니어도 상관없다. 이때도 홀을 보다가 계산을 하는 등 두 명의 일을 해야 한다. 그래도 너무 바쁠 경우가 되어서야 홀을 보는 직원도 뽑는 것이다.

사장이 전혀 알 수 없는 분야를 대신해 줄 사람을 뽑으면, 사장이 월급을 주는 게 아니라 직원이 월급을 챙겨가는 일이 발생한다. 시간 부족을 해결해 주기 위한 채용이 아니라, 지식 부족을 채워주기 위한 채용이라면 사장은 직원을 통제할 수 없다. 오히려 직원이 사장을 통제하게 된다. 게다가 인건비까지 높게 책정된다. 심지어 일을 잘하는 것인지 아닌지도 판단할 수 없다.

이처럼 아무것도 모르는 직원을 뽑는 이유는 인건비가 저렴하다는 것 이외에 두 가지 이유가 더 있다. 첫 번째는 바로 상대적으로 오래 일할 수 있다는 점이다. 만약 월급도 낮고 보람도 없다면 그 일을 오래 하고 싶겠는가? 그러나 자신이 잘 모르는 분야를 배우면서 일하면, 적은 월급이라도 재미가 있다. 때문에 아무 보람 없이 낮은 월급을 받으며 일하는 사람보다 상대적으로 오래 근무한다.

또 하나의 이유는 창업 초기라면 전문성이 필요 없다. 창업자는 물론이며 직원도 아무 일이나 닥치는 대로 해야 한다. 영업, 회계, 마케팅은 물론이며 접대나 미팅 등 모든 일을 해야 한다. 그런데 회계팀 경력자를 뽑았다고 가정하자. 게다가 사장은 회계에 대해서는 아무것도 모른다면 문제가 심각하다. 직원이 사장을 가르치려 한다. 또한 그 사람이 일을 잘하는지 못하는지 판단할 수도 없다.

즉, 사장이 직접 해도 되는 일을 단지 시간만 아끼기 위해 뽑아야 한다. 그래야 좀 더 오래 일하는 동시에 직원을 통제할 수 있다. 핵심은 이미 해결된 일을 반복해 줄 직원을 채용해야 한다는 점이다. 그리고 참고로 이런 원칙은 외주를 줄 때도 마찬가지로 적용된다. 외주 역시 운영하는 회사가 컨트롤할 수 있어야 한다.

월급은 어떻게 책정하는 것이 좋을까? 직원에게 월급을 많이 주고 싶은 창업자는 사실 많지 않다. 솔직하게 사회 발전에 기여한다는 거창한 목표를 가지고 창업하는 사람은 거의 없다. 창업의 이유는 대부분 더 많은 돈을 벌 수 있다는 희망 때문이다. 따라서 직원 월급을 줄이면 그 돈이 그대로 자신의 주머니로 들어올 수 있다는 단순 계산이 나온다. 5명의 직원에게 20만 원만 줄여도 사장은 100만 원을 더 챙길 수 있다. 1년이면 1200만 원이다.

그런데 일은 힘든 반면, 월급은 적다면? 게다가 비슷한 회사가 많은 상황이라면? 남아 있는 직원은 거의 없다. 애사심 따위는 기대할 수도 없다. 즉, 인건비는 사장의 수입과 직결되는 문제다. 따라서 가장 적절한 급여가 어느 정도인지 고민할 수밖에 없다.

처음에는 시장 가격을 따르는 게 좋다. 즉, 신규 채용을 한다면 동일 업종의 신입 급여와 비슷하게 지급하면 된다. 경력자라면 기존 직장과 동일하게 지급하거나 그보다 5% 정도 높으면 된다. 다른 회사로 이직해 봐야 급여가 비슷하다는 것을 아는 직원들은 단지 월급의 불만족으로 이직하지는 않는다.

채용이 아닌 새로 연봉 협상을 해야 할 때는 얼마나 올려주는 게 좋을까? 이 경우 창업자의 성향에 따라 두 가지를 따져 봐야 한다. 우선 창업자 본인이 직원들과 정을 쌓기를 좋아하는 경우다. 직원들과 자주 어울려 맥주도 마시고 목욕탕도 함께 가고 주말을 낀 워크숍도 임직원 모두 좋아할 정도가 되면 경쟁 회사보다 급여가 조금 낮아도 이직이 많지 않다. 단지 10% 내외의 급여를 더 받으려고 비인간적 대우를 감수하는 사람은 거의 없다. 인간관계를 중시하고 직원을 진짜 친구나 가족같이 대하면 급여는 조금 낮아도 만족도가 떨어지지 않는다.

그러나 창업을 하는 이유가 사랑하는 가족들과 행복한 시간을 더 많이 보내는 것이라고 생각하는 창업자라면, 그냥 급여를 동일 업종보다 약 10% 정도 많이 주면 된다. 물론 더 많이 지급할수록 이직률은 낮아지고 애사심은 높아진다.

실제로 일부 대기업들의 업무 강도는 상상하기 힘들 정도다. 정식 출근 시간은 오전 9시까지이지만, 보통 7시 이전에 출근한다. 마찬가지로 정식 퇴근 시간은 6시이지만 보통 10시가 넘어야 일이 끝난다. 집에 일을 가지고 가기도 한다. 그러나 연봉은 중소기업의 최소 두 배 이상이다. 아울러 같은 업종의 다른 대기업으로 이직한다고 해도 연봉이 더 높아질 수 없는 구조다. 이 기업은 인간적인 유대관계로 이루어지지 않았지만 엘리트들이 포진해 있다. 이직률도 높지 않다.

물론 직원들과 정도 쌓고 급여도 많이 주면 직원의 입장에서는 최고의 회사다. 그러나 창업자는 언제 가족과 행복한 시간을 보내며 언제 부자가 될 것인가? 따라서 창업자의 생각에 따라 더 많은 유대관계를 쌓을 것인지, 아니면 급여를 더 많이 줄 것인지 결정해야 한다. 반대로 월급도 적으면서 인간적인 유대관계도 쌓지 않는데 직원들이 애사심을 가지고 열심히 일할 것이라 생각하는 것은 결코 이루어질 수 없는 착각에 불과하다.

　그러나 창업 이후 몇 년이 지나고 어느 정도 자리를 잡게 되면 남아 있는 직원들은 물가상승률 이상의 연봉을 요구한다. 만약 이러한 경우 회사의 매출이 증가하지 않으면 사장은 고민을 할 수밖에 없다.

　이미 일에 익숙한 직원들의 월급을 올려주지 않으면 퇴사해 결국 사장이 다시 일하는 시간이 늘어날 것이다. 반면 월급을 올려주면 사장의 몫이 작아진다. 경제가 어렵다는 핑계도 잠깐이다. 직원들도 결국 돈을 벌기 위해 회사에 나온다. 1년 정도 회유할 수는 있지만 다시 연봉협상 기간이 다가오면 불안해질 수밖에 없다. 이 문제의 해결책은 단 하나밖에 없다. 바로 매출을 늘리는 것이다. 안타깝지만, 다른 방법이 별로 없다. 만약 매출 증가로 인한 수익 창출이 어렵다면, 직원을 해고하고 다시 사장의 업무가 증가할 수밖에 없다.

　그렇다면 이 문제는 어떻게 해결해야 할까? 답은 하나밖에 없다. 바로 매출과 수익을 높이는 것이다. 그런데 이 문제가 쉽지는 않다. 갑자기 판매가 늘어 매출이 증가하지도 않으며, 경쟁자들이 뻔히 있는데 가격을 높이면 더 이상 판매하지 않겠다는 것과 동의어다.

　매출을 늘리기 위해 가장 쉬운 방법은 고객이 이기게 하는 것이다.

우리가 어떤 제품을 샀을 때 후회하지 않을 때는 소위 '돈값'을 제대로 한다고 느꼈을 때다. 즉, 지불한 것보다 구매한 제품의 효용성이 높을 때다. 1만 원을 지불했는데 효용가치는 2만 원이라고 느낀다면 돈이 아깝지 않다. 고객이 이기게 하기 위해서는 박리다매, 서비스, 무형의 즐거움 등을 줄 수 있어야 한다.

과거 인터넷 쇼핑몰에서 아이의 교구를 구매했다. 이미 유명한 제품이라서 가장 저렴한 곳에서 결제했다. 때문에 나의 기대는 너무 늦지 않게 해당 제품만 도착하는 것이었다. 너무 늦지 않은 기간에 택배가 도착했고 박스를 뜯어보고 감동할 수밖에 없었다. 해당 교구가 제대로 들어있는 것은 물론이며, 아이들이 좋아할 만한 작은 인형도 들어 있었다. 이뿐만이 아니라 자녀의 성장에 따라 필요한 놀이와 교구들이 친절하게 설명되어 있는 책자도 있었다.

더 놀라운 점은 이 책자에 있는 모든 상품을 해당 판매자가 입고해 두지 않는다는 점이었다. 일부 상품은 한 대기업에서 독점적으로 판매하고 있었고, 또 다른 한 상품은 해외 사이트에서 직접 구매해야만 하는 상품이었다. 즉, 자신이 판매하고 있는 상품을 구매한 소비자라면 반드시 필요하다고 생각하는 상품은 자신의 매출로 연결되지도 않는데도 모조리 특장점을 설명해 놓은 것이다.

이 판매자는 이미 엄마들 사이에서 입소문이 자자했다. 저렴하게 판매하는 것은 물론이며, 자신이 취급하지 않는 상품도 질문이 올라오면 직접 공부해서 답변을 남겨 놓는 등의 서비스가 좋았기 때문이다.

이 판매자는 항상 고객들에게 지고 있었다. 제품을 저렴하게 판매해 고객들에게 '돈을 아꼈다'는 느낌을 준다. 게다가 해당 제품의 사용

설명서는 물론이며 관심이 있을 만한 다른 상품의 설명서까지 첨부하는 등 서비스도 좋았다.

식당을 예로 들어 살펴보자. 식당에서 고객이 이기게 하는 방법은 첫 번째 고객이 지불한 돈보다 더 맛있는 음식을 더 깔끔하게 많이 제공하는 것이다. 아울러 반찬이 떨어져 더 달라고 부탁하기 전에 알아서 챙겨주는 것이다. 고객이 부탁했을 때 들어주는 것은 심부름이지 서비스가 아니다. 마지막으로 무형의 즐거움이다. 판매하는 메뉴와 맞는 인테리어는 무형의 즐거움이다. 홀을 담당하는 직원과 사장이 웃으면서 고객을 대하는 것도 무형의 즐거움 중 하나다. 고깃집 등 냄새가 나는 음식점의 경우 옷에 뿌리는 방향제 등을 갖추거나 식당 한구석에 옷장을 갖춰놓아 고객들의 옷에 냄새가 배지 않게 하는 것도 무형의 즐거움이다.

고객들은 자신이 지불한 돈보다 더 높은 효용가치를 느꼈을 때 입소문을 내며, 이런 것이 매출로 이어진다. 따라서 매출을 늘리는 첫 번째 방법은 고객에게 더 많은 인센티브를 제공하는 것이다.

두 번째 방법은 남들이 하지 않는 도전을 하는 것이다. 도전이라고 해야 거창할 것이 없다. 그저 조금의 변형만 하면 된다. 최근 동네 빵집을 찾아보기 힘들어졌다. 대부분은 대기업 프랜차이즈 베이커리다. 간혹 있는 개인 제과점도 이미 과거부터 명성이 있는 곳이다. 제과제빵 기술로 동네 빵집을 운영하고 있는 창업자와 상담을 한 적이 있다. 그 매장에 가보니 인테리어도 준수했고 빵맛도 좋았다. 심지어 창업자의 외모도 멋있어 호감이 갔다. 그런데도 대기업 프랜차이즈와 경쟁 상대가 되지 않아 힘들어 하는 상태였다. 매달 내야 하는 임대료조차 마련하기 쉽지 않았다.

나는 아주 새로운 문구를 내걸고 전단지를 돌려보라고 조언했다. 전단지 핵심은 "저희 빵은 3일이 지나면 곰팡이가 핍니다"라는 문구였다. 처음에는 말도 안 된다는 식이었다. 하지만 지금과 같은 추세라면 문을 닫는 것은 시간문제라는 얘기로 설득했다.

결국 해당 전단지가 뿌려지기 시작했다. 결과는 놀라웠다. 매출이 몇 배로 뛴 것이다. 전단지 발송 이튿날은 오후 3시가 되지 않아 전부 매진될 정도였다. 그 후 그 빵집은 '건강한 빵이기 때문에 쉽게 곰팡이가 핀다'는 컨셉으로 완전히 자리를 잡았다.

매출을 늘리기 위한 또 하나의 방법은 새로운 시장을 찾아 들어가는 것이다. 세상은 정말 빨리 변한다. 때문에 항상 틈새가 벌어진다. 소비자가 원하고 있지만 아직 시도하지 않은 무언가를 찾아야 한다.

과거 세탁소 대부분은 배달을 했다. 그런데 배달을 하지 않는 대신 가격을 낮춘 세탁소가 등장했다. 요즘은 배달하는 세탁소를 거의 찾아보기 힘들다. 이럴 때 세탁비는 저렴하게 받고, 1,000원 이내의 비용으로 정해진 시간에 배달하는 방법으로 운용을 해보면 어떨까 하는 생각을 한다. 아마 맞벌이 부부나 어린 자녀를 봐야 하는 가정이라면 호응이 높을 것이다.

세 번째 방법은 사람들이 언제 구매를 하는지 정확하게 파악하는 것이다. 규칙 없이 구매하는 것 같지만 조금 넓게 보면 정확한 규칙이 있다. 사람이 고객이 되어 구매하는 상품은 다음 세 가지에 불과하다.

1. 기존에 사용했던 제품

2. 사용해 본 적은 없지만 어떤 상품인지 예측 가능한 상품

3. 가격이 매우 저렴해서 구매를 후회하지 않은 상품

이 세 가지가 아니면 사람들은 구매할 때 반드시 고민한다. 화장품 회사가 샘플을 주는 것은 바로 이 세 가지를 익숙하게 만들기 위해서다. 즉, 샘플을 주면 1. 샘플을 사용함으로써 기존에 사용해본 제품이 된다. 2. 정품을 사용해 본 적은 없어도 샘플을 사용했기 때문에 어떤 상품인지 예측이 가능하다. 3. 샘플은 가격이 저렴하지 않다. 아예 가격이 없다. 때문에 정품 구매로 연결된다. 전체적인 구매 비용이 낮아지기 때문이다.

최근 제과점은 샘플을 주는 곳이 많다. 카페도 신제품 커피가 나오면 샘플을 시음한다. 기존 고객의 반응을 보기도 하면서, 맛을 익숙하게 만들기 위해서다. 전자제품 업체도 컨시어지 센터에서 사용해 볼 수 있게 한다. 그런데 개인 창업자가 운영하는 가게 대부분은 이런 것이 없다. 설렁탕집을 운영하고 있다면 설렁탕보다 단가가 더 높은 수육이나 도가니탕 등의 메뉴를 조금 시식해 볼 수 있도록 제공하는 것도 좋을 것이다.

만약 시식 메뉴나 샘플을 활용하지 못하는 온라인 의류 매장 같은 경우에는 후기를 중점적으로 관리해야 한다. 기존에 사용해 보지 않았고, 사용할 수도 없는 제품이기 때문에 먼저 구매한 사람들의 평가는 매출에 절대적인 영향을 미치기 때문이다.

사업계획,
몇 장의 그림만으로 가능하다
—

　　　　　　　　지금까지 창업을 해야 하는 당위성과 창업 이후 어떻게 해야 성공 확률이 높아지는지 살펴봤다. 그렇다면 이제 본격적인 창업에 앞서 창업을 위한 구체적인 사업계획서를 작성하는 방법을 알아보자.

　이미 많은 책들이 사업계획서 작성법을 설명했다. 다만 나는 많은 예비창업자와 창업 이후 고전을 면치 못하는 사람들을 많이 보았다. 이들과 상담하다 보면, 구체적 마케팅 방법이나 성공 로드맵을 가지고 있지 못했다. 여러 상담을 통해 그 원인을 면밀히 살펴본 결과, 수많은 사람들이 미래 계획을 구체적으로 그리는 방법을 잘 알지 못했다.

　요컨대, 성공 로드맵이나 구체적이 계획이 없는 이유는 구체적인 계획을 세우는 방법을 알지 못해서였다. 자신의 생각을 구체적으로 정리하지 못하기 때문에 계획도 세우지 못하는 것이다. 계획을 세우지 못하기 때문에 남에게 의지한 창업을 할 수밖에 없다. 계약상 불리한 것을 알면서도 프랜차이즈 창업 이외에 방법이 없는 것이다. 오픈만이 목적이며 그 이후 어떤 방법으로 마케팅을 진행하고 상품을 판매하며, 성공의 길로 접어들지 알지 못하는 것이다.

사실 생각 정리 방법은 쉽다. 생각하는 것을 간단한 스케치로 옮기면 된다. 그림은 글보다 더 직관적이다. 몇 컷의 그림으로 계획을 세울 수 있다면 그것이 구체적인 사업계획서 역할을 하게 된다.

아주 오랜 과거에 글자가 없던 시기에는 벽화 등의 그림으로 의미를 전달했다. 어린아이도 마찬가지다. 글을 모르는 아이들은 그림으로 자신의 감정을 표현한다. 종종 두서없이 메모한 종이의 도형 또는 그림을 통해 그 당시 어떤 생각을 했는지 구체적으로 떠올리는 일이 있을 것이다. 그만큼 그림은 문자보다 직관적이다. 직관적이기 때문에 기억이 강하게 남는다.

그렇다고 그림으로 어린아이처럼 단순하고 간략한 이해만 할 수 있다고 생각하는 것도 오산이다. 실제 레오나르도 다 빈치는 본인의 일기에 다양한 그림을 함께 담았다. 그림을 기초로 메모했고, 그 기록을 구체화시켜 수많은 발명품을 남겼다.

현재도 건축은 조감도 등의 그림으로 계획을 구체화한다. 자동차나 전자기기들도 디자인으로 계획을 구체화한다. 따라서 창업 계획을 확정했는데 구체적인 사업계획을 짤 수 없다면, 건축의 조감도처럼 그림으로 미래 계획을 세우는 것도 현명한 방법이다.

미국의 창업 교육을 보면 창틀 채우기^{Window Paning} 기법이 있다. 창업 계획을 말이나 글로 설명하는 것보다 그림으로 설명하는 것이다.

대부분은 정보를 그림으로 떠올린다. 그림은 선명하고 오래 기억할 수 있도록 도와주기 때문이다. 미국의 AT&T의 아이디어를 이용해 사람들의 기억력을 돕기 위한 그림이 등장했는데 이것을 창틀 채우기 기법이라 한다.

창틀 채우기 기법은 개념을 시각교구로 만들 때 기억력이 향상된다는 점을 응용해 한 장의 그림을 통해 자신의 생각을 정리해 볼 수 있는 툴로 사용하는 것이다. 실제 창업 희망자가 작성한 한 장의 그림을 통해 작성 사례를 알아보자.

실제 창업 희망자가 작성한 한 장의 그림 표현 사례(36세 여성)

위 그림은 36세의 여성 창업 희망자가 최종 영어 학원을 개업하기 위해 계획을 세운 것이다. 먼저 영어 학원 개원을 위해서 정리되지 않은 생각들을 그림으로 그려볼 것이다. 생각나는 대로 창업 목표나 계획 주요점을 텍스트로 써본다. 그 위에 텍스트를 간략하게 그림으로 넣어본다. 이해도와 기억력이 한층 높아지면서 생각이 간략하게 정리될 것이다. 위 개념은 복잡한 생각을 단순하게 정리하는 데 큰 효과가 있다. 또한 최종 목표를 달성한 자신의 모습을 그림을 통해 볼 수 있어 본인의 생각이 구체화된 것 같은 착각마저 생겨난다.

사업기획서를 어떻게 작성해야 할지 몰라 스트레스를 받는 창업자가 있다면 위의 기법을 통해서 그림으로 표현된 큰 목차를 잡아보라. 생각의 맥이 잡힐 것이다.

그림을 다 그렸다면 잠시 휴식을 취하는 것이 좋다. 그러고 난 후 그린 그림을 다시 보면 무언가 빠진 느낌과 수정해야 할 것들이 보일 것이다. 참고로 본 작업은 남에게 보여주기 위한 것이 아니라 나만의 사업기획서를 만드는 것이기 때문에 창피하게 생각할 필요가 없다. 수정할 것과 부족하다고 생각되는 것들을 추가로 넣어주고 수정하면 된다. 전문가들도 본 작업 시 여러 번의 수정과 추가 내용을 넣어가며 완성한다.

사업기획서 목차를 세우기 위한 창틀 채우기 기법의 핵심은 다음의 7가지로 정리할 수 있다.

1. 박스를 9개 이상을 만들지 않는다.
2. 간단한 그림, 손으로 그린 그림을 이용하라.

3. 박스 안에 본인이 생각하는 텍스트를 적어 보자.

4. 간략한 그림을 넣어 보자.

5. 작성되었다면, 순서대로 이야기로 표현해 보자.

6. 이야기로 표현 중 자연스럽지 못하다면 순서를 바꿔 보자.

7. 최종 확정된 순서로 나만의 사업기획서 목차를 만들어 보자.

참고로 창틀 채우기 작업을 할 때 주의할 점은 최대 7개의 박스네모칸에 나열한다고 생각하고, 가급적 6칸에 완성하는 것이 좋다. 그래도 생각 정리가 되지 않으면 최대 9장을 넘기지 않아야 한다. 사람은 9장 이상의 그림은 구체적으로 기억하지 못한다. 9장을 넘기면 생각이 더 복잡해지고 그저 칸을 채우기 위해 시간을 허비하는 경우가 많다.

즉, 창업 준비부터 수성守城까지 9장 이내의 직관적인 그림을 그린다. 이후 첫 번째 그림인 창업 준비를 더 구체화하는 자유연상을 해나가면 된다. 이렇게 각 항목별로 그려 들어가면서 생각을 정리하면 프로 기획자 못지않게 구체적으로 생각을 정리할 수 있다.

다시 위의 영어 학원 계획서로 돌아가자. 구체적인 세부항목 계획을 어떻게 짜는 것이 좋을까?

첫 번째 그림인 '내 여건 파악', 즉 창업자의 지금 현재 조건을 파악하는 부분도 구체화할 필요가 있다. 나의 경쟁우위를 파악하고 시장을 분석하면 성공 확률을 높일 수 있다. 박스에 처음 그렸던 그림을 똑같이 다시 한 장 그린다. 그리고 다음 연습장 중간에 그림을 붙인다. 이후 자유연상으로 해당 조건들을 세부적으로 나열한다.

영어 학원을 창업하기로 한 창업자 스스로가 자신의 상황이 영어

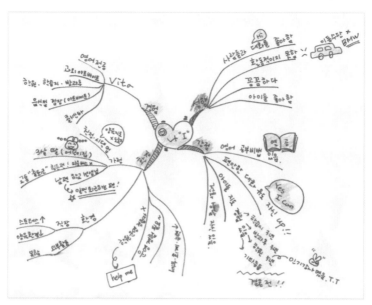

내 여건 파악 구체화하기

학원을 운영할 수 있는 여건인지를 한눈에 볼 수가 있다. 참고로 내 여건을 파악하는 중에 자신에 대한 정보를 적어 나가다 보면 무언가 부족한 느낌이 들 것이다. 그래서 본 작업본과 함께 진행되면 좋은 것이 창업자들을 대상으로 실시하고 있는 창업적성검사다. 정부에서 운영하고 있는 워크넷www.work.go.kr 직업심리검사 코너에서 무료로 받을 수 있다. 본인의 경쟁우위를 돌아보는 데 도움이 될 수 있다.

본 검사는 창업자가 선정한 아이템과 적성 여부를 살펴볼 수 있는 아주 유용한 검사다. 검사 소요 시간은 20분이며, 인터넷을 통해 할 수 있다. 또한 검사 결과는 인쇄가 가능하기에 출력물을 통하여 자세히 살펴볼 수도 있다.

창업자의 적성검사를 무료로 받아볼 수 있는 곳이 또 있다. 소상공인시장진흥공단에서 운영하고 있는 소상공인지원포털www.seda.or.kr이다. 소상공인지원포털에서 자기진단 코너에 있는 창업 적합성검사, 창업 자기진단 등을 통해 검사 및 진단을 받을 수 있다.

검사를 받게 되면 다양하고 유용한 정보와 연결된다. 참고로 소상공인지원센터에서는 다양한 기관의 정보를 링크하고 있다. 말 그대로 소상공인 포털서비스를 제공하기에 여러 사이트를 찾아다니지 않아도 된다는 장점이 있다.

이 예비창업자는 영어 학원을 개원할 생각으로 자신의 장단점 및 환경을 생각해 보았다. 학원 창업하기에 적절한 성향을 갖고 있다고 판단했다.

이제 어떤 규모의 창업을 할 것인지를 판단해야 한다. 이 예비창업자는 학원에서 강사로 활동한 경험이 있고 남편이 교직에서 근무하는 것을 감안할 때 중·소형 단위의 보습학원 또는 소규모의 교습소 형태의 학원을 개원하기로 했다.

우선 본인이 지도할 수 있는 대상 연령부터 확정했다. 그래서 정한 것이 초등학생과 중학생이다. 그리고 혼자서 지도할지 아니면 지도 강사를 구할지 생각했다. 영어 시장 및 영어 학원 트렌드를 고려했을 때 개인 학원 창업보다는 프랜차이즈 학원을 개원하는 것으로 방향을 잡았다. 영어 학원 홍보 노하우를 비롯하여 교재 선별, 관리 쪽에서 노하우가 없어서 어떻게 할지 막막했기 때문이다. 개원 후 문제가 발생했을 때 상담 또는 도움을 받기도 편했다.

사실 대부분 창업자는 초보다. 그래서 어떻게 창업해야 할지 막막

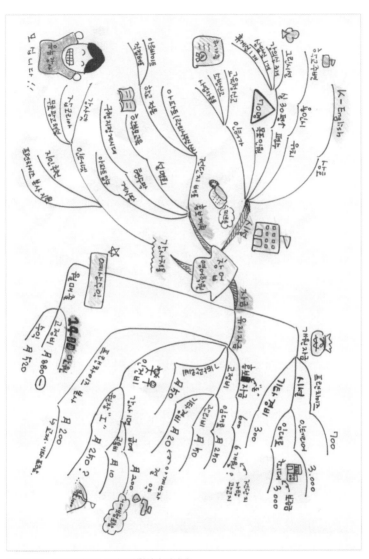

주제에 맞는 생각의 나무를 그려보자(창업자 작성본).

하다. 가이드라인을 제시할 수 있는 전문가를 찾지만 그조차 찾기 어렵다. 그래서 많은 창업자가 프랜차이즈 가맹본부를 찾는데, 프랜차이즈 가맹본부를 너무 쉽게 믿고 사업을 시작해 피해를 본 사례도 많이 본다. 그래서 프랜차이즈 가맹본부를 선별하는 데도 기준이 있어야 한다.

1부에서 언급했듯이, 가맹본부를 선별할 때 가급적 최소 3년은 운영되고 있는 본사를 고르는 게 좋다. 많은 프랜차이즈는 영세하다. 그래서 재무적인 부분과 지원적인 부분에서 문제가 발생하는 경우가 허다하다. 프랜차이즈 가맹본부의 재무구조 및 가맹실적 시정명령사항에 대한 정보를 한눈에 알아볼 수 있는 방법 중 하나는 가맹본부에 '정보공개서'를 요구하여 받아보는 것이다. 직접 알아보고 싶을 경우에는 공정거래위원회에서 운영하는 '가맹사업거래https://franchise.ftc.go.kr'를 이용한다.

참고로 정보공개서가 등록되어 있지 않은 가맹본부 같은 경우 신생업체일 경우가 많으므로 신중하게 프랜차이즈를 선택하기를 권장한다. 정보공개서뿐만 아니라 온라인을 통하여 현 가맹자들이 올려놓은 정보들을 잘 살펴보고 가능하다면, 현 가맹점에 찾아가 직접 이야기를 들어보는 것도 좋다.

사실 사업기획서와 사업계획서는 다르다. 말 그대로 기획과 계획의 차이다. 기획을 통해 큰 그림을 그리고 이후에 세부적인 계획을 수립해야 한다. 사업계획을 수립하기 위한 기획 목차 및 방향을 잡기 위한 방법으로는 창틀그리기 및 마인드맵을 권장한다. 카테고리별로 구분된 목차들을 다시 세부적으로 작성하고 착수 계획을 수립한다면 일정에 맞게 실행하는 데 많은 도움이 된다.

이처럼 그림으로 생각을 계속해서 구체화해 나가면, 막연히 생각만 했을 때 놓쳤던 것들까지 명확히 파악할 수 있다.

이후 방법도 비슷하다. 단순한 하나의 그림을 가지고 자유연상으로 계속해서 구체화해 나가는 것이다. 이처럼 자유연상으로 창업에 필요한 것들을 적고, 그 방법들을 구체화하면 한눈에 창업에 필요한 모든 것을 확인할 수 있다.

'업종 선정'이라는 한 장의 그림을 구체화하면, 창업 준비부터 수성守城까지 몇 장의 그림과 짧은 문장으로 파악이 가능하다.

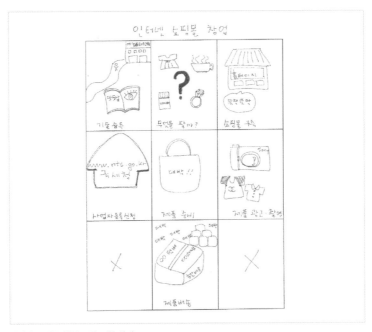

인터넷 쇼핑몰 창업 그림 표현 사례

169

CHAPTER 03

경험담
- 21살부터 사업에 눈뜨다

—

아이디어와 추진력으로
봄을 빌려주다

—

내가 처음으로 스스로의 힘으로 돈을 벌어본 것은 21살 때였다. 뚜렷한 계획이 있었던 것도 아니고 목적이 있었던 것도 아니다. 그저 막연한 가능성을 확인하고 싶다는 열망으로 부딪혀 본 것이었다. 게다가 창업이라고 볼 수도 없었다. 아르바이트의 다른 형식 혹은 프리랜서 영업직이었다고 보는 것이 창업이라고 보는 것보다 더 적합한 표현일 것이다. 그러나 고등학교를 막 졸업한 사회 초년병 시절 이 경험으로 나는 남들과 조금만 다르게 생각하면 충분히 창업을 하고 키울 수 있겠다는 확신을 가질 수 있게 되었다.

1998년은 IMF가 시작되어 경기가 바닥을 치고 있을 때였다. 우리나라 경제는 대마불사大馬不死라는 말이 무색할 정도로 유수의 대기업들도 힘없이 무너져갔다. 대기업이 무너지니 중소기업도 연쇄적으로 무너졌으며, 중소기업의 돈줄이 막히다 보니 자영업을 하는 사람들도 어려워졌다. 다시 말해, 우리나라 사람 모두가 허리띠를 졸라매던 시기였다. 당시 나는 대학에 입학할 예정이었고, 처음으로 입시 스트레스에서 벗어나 조금은 여유로운 시간을 보내고 있었다. 때문에 친구들과 어울려 잡담을 하는 것이 하루 일과 중 대부분이었다.

그런데 친한 친구 중 한 명의 얼굴이 유독 어두웠다. 평소 친구들 사이에서 가장 장난기가 많고 외향적인 친구라서 나는 편하게 그 이유를 물었다.

"야, 대체 왜 그렇게 얼굴이 어둡냐?"

"아니야. 그냥 기분이 좀 좋지 않아. 내가 걱정한다고 좋아질 건 아니지만 고민되네."

"무슨 일인데 그래? 말이라도 좀 해봐. 혹시 내가 도울 수 있는 게 있을지 알아?"

"사실 부모님께서 양재동에서 철쭉꽃 농장을 하고 계셔. 그런데 올해는 단 한 그루의 철쭉도 팔리지 않았어. 철쭉은 1년 동안 키워 1~2월에 판매하는 건데……."

친구는 이렇게 말하고 짧은 한숨을 쉬었다. 그리고 다시 말을 이어갔다.

"아버지께서는 빚을 끼고 농장을 운영하는 것이라서 봄이 되기 전에 판매하지 못하면 길거리에 나앉게 생겼다고 말씀하시네. 그런데 내가 할 수 있는 일이 없어 그냥 고민만 하고 있다."

나는 그렇게 친구의 고민만 듣고 집으로 돌아갔다. 그런데 아무리 생각을 하지 않으려고 해도 그 친구의 어두운 얼굴이 머릿속에서 맴돌았다. 친구의 고민을 듣고 모른 척하는 것도 도리가 아닐 것 같아 농장 일 거드는 것이라도 도울까 하고 다음 날 친구의 농장을 찾았다. 친구와 친구의 아버지는 출하를 앞둔 철쭉을 정리하고 있었다. 그런데 어제 들었던 친구의 말처럼 아버지의 얼굴에는 근심이 가득했다.

나는 아무것도 모르는 것처럼 친구와 함께 농장 일을 도우면서 친구 아버지에게 말을 걸었다.

"철쭉이 정말 예쁘네요. 1년 동안 이 많은 철쭉을 키우시려면 정말 힘드셨겠어요."

"말도 마라. 손이 보통 가는 게 아냐. 남들은 꽃 속에 산다고 말하지만, 우리는 꽃을 꽃으로 볼 수 없어요. 자식이지."

"그런데 아직 1월이잖아요. 봄도 아닌데 벌써 철쭉이 이렇게 활짝 피었어요?"

"원래 꽃이 피는 것보다 조금 더 일찍 꽃을 피우면 그만큼 상품성이 낮아져. 때문에 이렇게 비닐하우스에서 기름보일러 돌려가면서 온도 조절하는 그런 거지."

자녀의 친구가 시키지도 않았는데 찾아와 농장 일을 돕는 것을 보고 계속 웃는 표정을 보이셨던 아버지였는데도 나의 질문에는 대답을 하시다가 어두워지는 표정을 감추지 못하셨다. 때문에 나는 말없이 한참 동안 일을 돕고 있었다. 그렇게 몇 시간 동안 묵묵히 일을 하다 보니 한 가지 아이디어가 생각났다.

농장의 거래처는 대부분 저가에 대량으로 철쭉을 구입했다. 농장에서 키운 철쭉이 꽃 필 때쯤 되면 대량으로 구매해 다시 최종 소비자에게 파는 형식이었다. 다시 말해, 중간 유통업자가 있었던 것이다. 그런데 경기가 좋지 않다 보니 중간유통업자도 철쭉꽃을 필요로 하는 대형 거래처를 잡지 못하고 있는 형편이었다.

나의 아이디어는 중간 유통업자를 거치지 않고 최종 소비자에게 바로 판매를 하면 어떨까 하는 아주 단순한 것이었다. 이런 나의 생각을 친구에게 말한 후 다시 친구 아버지께 이야기했다. 친구 아버지는 기대는 하지 않았지만 손해도 날 것이 없으니 한번 판매해 볼 수 있으면 해보라고 말씀하셨다. 그런 후 선뜻 농장 운영을 위해 가지고 계신 1톤 트럭을 내어주셨다.

최종 소비자에게 직접 판매해 보자는 아주 단순한 아이디어였기 때문에 어디서부터 어떻게 시작해야 할지 막막했다. 때문에 친구와 이야기를 하며 구체적인 판매 전략을 그려 나가기 시작했다.

그러자 처음에는 막연히 최종 소비자에게 판매하겠다는 것에서 인테리어에 많은 신경을 써야 하는 카페에 판매하는 쪽으로 의견이 좁혀졌다. 여기까지 생각한 후 친구와 나는 양재동에서 가깝고, 수요도 많을 것이라고 생각한 강남으로 향했다. 그리고 1층에 자리 잡고 있는 카페마다 들어가 봄의 향기를 먼저 느껴볼 수 있다는 콘셉트로 어필을 하기 시작했다. 그렇게 약 20여 곳의 카페의 문을 두드렸지만, 그 어느 곳도 철쭉을 직접 사겠다는 사람은 없었다. 막연한 희망으로 발걸음을 재촉했던 친구와 나의 어깨는 조금씩 움츠러들고 있었다. 때문에 잠시 차에 앉아 다시 의견을 나눴다.

"화분을 판매하는 것에 초점을 맞춰서는 안 되겠는데……."

"그러게, 아무도 꽃을 키우는 것에 관심이 없네. 꽃을 보는 것은 좋아하는데도 말이야."

"맞아. 우리가 직접 화분을 가지고 들어갈 때 시선은 모두 우리를 향하잖아. 그리고 꽃향기를 맡는 카페 주인도 있고……. 그렇다면 꽃에는 관심이 있다는 건데, 화분에는 관심이 없고……."

"그럼, 판매를 하는 게 아니라 꽃이 피어 있는 철쭉만 렌탈을 하는 쪽으로 어필을 하면 어떨까? 만약 철쭉꽃이 지면 다른 화분으로 바꿔준다고 계약하고, 기간에 따라서 비용을 받으면 지금보다 조금 더 반응이 좋지 않을까?"

"그래, 그거라면 지금보다 반응이 더 좋을 수도 있겠다. 그럼 그렇게 한번 해보자."

친구와 나는 카페에 화분을 직접 판매하는 것에서 이제 꽃이 피어 있는 화분만 렌탈 하는 쪽으로 전략을 수정하고 다시 10여 곳의 카페를 방문했다. 하지만 아직 렌탈 사업에 익숙하지 않았던 때라 화분을 빌려준다는 것을 설명하기가 쉽지 않았다. 게다가 우리가 최적의 장소라고 생각했던 강남은 10대와 20대를 상대로 하는 카페가 많아 꽃에 대한 관심도도 높지 않았다. 그렇게 포기를 하려고 할 때 어느 중년 남성이 화분을 보면서 우리에게 말을 걸었다.

"청년들, 혹시 이 화분들은 파는 것인가요?"

"아! 예. 판매를 할 수도 있고, 빌려드릴 수도 있습니다."

"빌려준다는 것은 뭔가요? 화분을 빌려준다고요?"

이런 말을 시작으로 그 중년 남성과 이야기를 주고받자 우리의 전략이 조금 잘못되었다는 점을 깨달을 수 있었다.

지금까지 우리는 젊은 층을 상대로 꽃을 판매하려고 하고 있었다. 그러나 10대나 20대는 대부분 꽃보다 최신 유행에 더 관심이 많았다. 그러나 40대 이상의 중년은 최신 유행보다 과거 추억이 묻어 있는 것에 더 많은 관심을 가진다. 때문에 40대 이상을 주 고객으로 하는 카페나 음식점 등에 어필하면 지금보다 더 많은 관심을 가질 것이라고 생각을 바꾼 것이다. 그리고 그 당시 가진 것이라고는 추진력밖에 없었기에 바로 영업대상을 바꿨다. 그러자 반응이 오기 시작했다.

처음에는 렌탈이라는 개념을 설명하기가 쉽지 않았지만, 화분을 직접 구입하는 것이 아닌 '꽃'이 피어 있는 화분만 잠시 빌린다는 것을 이해하고 나니 더 많은 관심을 보였다. 게다가 '봄에 대한 향수와 추억'을 고객들에게 어필하라는 우리의 영업 콘셉트가 중년들에게 들어맞아 적지 않은 성과를 낼 수 있었다. 때문에 1월부터 시작된 우리의 '철쭉꽃 영업'은 3월 학기 초반까지 이어졌다. 다행히 친구 아버지는 중간 유통업자에게 판매해야 할 철쭉의 일정 부분을 소진할 수 있었다. 게다가 직접 소비자에게 '렌탈'을 명목으로 비용을 받았기 때문에 마진율도 높았으며, 철쭉을 다시 수거했기 때문에 다음 해인 1999년에는 더욱 건강한 철쭉을 판매할 수 있었다.

3개월 정도 한시적으로 진행한 철쭉 렌탈 사업이었다. 예상보다 더욱 성공한 사업이 되었고, 한번 거래를 시작하니 철쭉 말고 다른 꽃들에 대한 문의도 많았다. 하지만 친구와 나 모두 대학에서 다른 공부를 해야 했고, 처음부터 한시적으로 생각했기 때문에 더 큰 사업으로 진행되지는 않았다. 다만 이 경험을 통해서 소비자가 원하는 것이 무엇인지 정확하게 파악하면, 노력의 결실이 머지않아 꽃피운다는 사실을 경험을 통해 확실히 깨달을 수 있었다.

우연한 사고의 전환!
고객이 모이는 곳을 찾아라
—

우리 집의 가정형편은 그다지 좋지 못했다. 때문에 대학 등록금을 부모님께서 내주시는 경우는 없었다. 기대도 하지 않았다. 장학금을 받든지 아니면 스스로 벌어서 충당해야 했다. 때문에 나는 남들과 달리 사업이나 경영에 대해 더 많은 생각을 할 수밖에 없었다.

많은 대학생이 그렇듯이 나 역시 아르바이트를 많이 했다. 다만 다른 학생들과 달리 용돈을 벌기 위한 것이 아니라 학비를 벌기 위한 것이었다. 더 적극적으로 아르바이트를 할 수밖에 없었다. 치열할 수밖에 없는 입장이었기 때문에 몇 가지 재미있는 일을 경험할 수 있었다. 특히 이 경험으로 홍보의 중요성을 더욱 절실하게 깨달을 수 있었다.

당시 학교 근처 치킨전문점에서 서빙을 했다. 당시 내가 시간당 받는 금액은 4,000원도 되지 않는 것으로 기억된다. 학비를 마련하기에는 터무니없이 적었다. 그러나 매장의 사장님과 사모님을 이모와 이모부라고 부를 정도로 좋은 분들이었기 때문에 스트레스를 거의 받지 않았고, 요식업의 사업 방법을 배울 수 있어서 즐거웠다.

당시 치킨매장을 운영하던 사장님과 사모님은 남들 앞으로 나서 적극적으로 영업을 하는 성격이 아니었다. 사장님이 은퇴를 하고 난 다음 소일거리 정도로 매장을 운영했기 때문이었다. 그러나 두 분의 인품이 좋았기 때문에 주변 매장 사장님들과 좋은 관계를 유지하고 있었다.

9월 경, 사모님은 주변 매장 분들에게 동네 한 초등학교에서 운동회를 한다는 정보를 들었고 학교 주변 몇몇 매장의 사장님들도 초등학교 운동회에 맞춰 영업이나 홍보를 하러 참석한다고 얘기했다. 그런데 평소 적극적인 성격이 아니었던 두 분은 직접 영업을 하고 홍보를 하는 것은 부끄러워했다. 그래도 잘만 하면 짧은 시간에 홍보도 하고 높은 매출도 올릴 수 있다는 얘기에 참석하고 싶어 했다. 때문에 아르바이트를 마칠 시간, 사모님께서 나를 불러 부탁을 했다.

"며칠 후 근처 초등학교에서 운동회를 한다고 하는데 알고 있니?"

"아니요? 제가 초등학교 운동회를 어떻게 알겠어요? 그런데 왜 그러세요?"

"아니, 혹시 시간되면 초등학교에서 치킨하고 맥주를 좀 팔아볼까 하는데 가능한지 해서?"

"초등학교 운동회에서 치킨하고 맥주를 직접 판매하신다고요? 그거 재미있겠는데요. 어차피 낮에 하는 것이니 매출도 높일 수 있을 것 같고요."

"그래서 하는 얘긴데, 아무래도 내가 직접 판매를 하기는 힘들 것 같아. 사장님도 앞으로 나서는 스타일이 아니니 직접 판매하지는 않을 테고……. 너는 적극적이니까 네가 한번 팔아보지 않을래?"

"예? 제가요?"

사모님의 말씀을 듣고 막연히 초등학교에서 홍보를 하면 재미있고, 효과도 높을 것이라 생각했다. 치킨은 아이들이 가장 좋아하는 음식 중에 하나다. 부모들은 많은 브랜드 중에서 대부분 자녀가 좋아하는 치킨을 선택한다. 영업도 운동회에 직접 도시락을 싸오지 못한 부모님이나 자녀들에게 더 맛있는 음식을 먹게 해 추억을 남겨 주려는 부모님들의 마음과 맞아 떨어져 잘될 것이라고 막연히 생각했다. 이것저것 길게 생각할 필요가 없었다. 조금만 적극적으로 홍보한다면 좋은 효과를 볼 수 있을 것이며, 영업도 잘될 것이라고 판단했다. 게다가 내가 손해 볼 것은 전혀 없었다.

"그거 재미있겠는데요! 그럼 제가 한번 해볼게요."

"그래? 그래 줄래? 그럼 닭 한 마리를 판매할 때마다 2,000원의 인센티브를 줄게."

"예! 2,000원이나요? 그럼 더 적극적으로 해야겠네요. 제가 어떻게 하면 될까요?"

"우리가 세 명이니까 각자 역할을 분담해야 하지 않을까? 한 명은 점심시간에 맞춰 치킨을 튀겨야 할 것이고, 또 한 명은 초등학교까지 운반을 해야겠지. 그리고 한 명은 초등학교에서 좌판을 깔고 직접 판매하고 홍보를 해야 할 것 같아."

"그중에서 제가 담당하는 역할이 판매하고 홍보하는 역할이네요. 그렇죠?"

"그렇지. 그런데 정말 할 수 있겠니?"

"그럼요. 재미있겠는데요. 다만 작전을 조금 잘 세워야겠어요. 그런데 몇 마리나 팔 수 있을 것 같으세요?"

"글쎄? 한 30마리 정도는 팔 수 있지 않을까?"

"30마리면 아무리 비싸게 팔아야 매출 30만 원이네요? 노력한 것에 비해 너무 적은데요. 적어도 70마리 정도는 판매해야 되지 않아요?"

"그게 가능할까? 만약 남으면 팔지도 못하고 그렇다고 먹지도 못할 텐데?"

"음…… 요즘 초등학교는 한 학년에 몇 반 정도 있어요?"

"글쎄. 얘기 듣기로는 한 학년에 6반 정도 있다고 하던데. 그런데 그건 왜?"

"학교 규모를 알아야 어느 정도 수요가 될 것인지 알 수 있죠. 한 반에 40명이라고 가정하고 6학년까지 생각하면 약 1,500명 정도의 학생이 있네요. 이 중에서 5%만 산다고 해도 70마리가 넘네요."

"그건 그렇겠네. 그래도 만약 다 안 팔리면 곤란하잖니?"

"만약 못 팔고 남은 것은 학교 동아리나 친구들에게 5,000원에 판매해도 될까요? 제 친구들도 어차피 점심시간이라서 밥 사먹는 것보다 싸다면 치킨 한 마리 사서 두세 명이 나눠먹는 것이 더 좋을 것 같아요."

"그래. 그렇게 하면 손해는 보지 않겠구나. 너만 믿는다."

"일단 해봐야죠. 아무튼 내일 10시 30분까지 출근할게요. 그럼 내일 뵙겠습니다."

다음 날 아침까지 나는 아무런 걱정을 하지 않았다. 어차피 또다시 새로운 경험을 하는 것일 뿐 별로 손해될 것이 없었다. 그러나 사장님과 사모님은 그렇지 않았다. 만약 기대보다 치킨이 판매되지 않으면 손해를 볼 수도 있다는 막연한 불안 때문이었다. 결국 초벌로 튀긴 치킨은 30마리에 불과했다.

　조금 실망을 한 채로 사전 조사를 위해 먼저 운동회장에 갔다. 분위기를 보니 사장님과 사모님의 걱정도 괜한 것은 아니었다. 치킨은 물론 중국음식점과 족발과 보쌈까지 배달하는 음식점은 죄다 나와 있었다. 때문에 아무런 전략 없이 영업하면 70마리는커녕 30마리도 못 팔 것이 분명했다. 다행히 미리 답사를 했기 때문에 좋은 아이디어를 냈다.

　운동회장은 자녀와 함께 부모님이 즐기기 위한 자리라고 생각이 든 것이다. 따라서 행복하기 위해 참석한 사람들에게 더욱 재미있는 추억을 만들어 줄 수 있다면 판매에 도움이 될 것이라고 생각했다. 막연한 생각이었지만 일단 해봐야 했다. 다른 사람들처럼 아무런 전략 없이 운동회에 참석하면 판매는 물론 홍보도 별 효과를 내지 못할 것이었다. 나는 주변의 한 문구점에서 우스꽝스러운 닭 모양 가면과 신문지보다 커다란 종이인 전지를 하나 샀다. 그리고 '세상에서 가장 크고 맛있는 닭', '둘이 먹다 너무 맛있어 셋이 기절해도 모르는 치킨'이라고 쓰고 반을 접어 마치 옷처럼 뒤집어썼다. 그리고 닭 모양의 가면도 뒤집어썼다. 그랬더니 굳이 말을 하지 않아도 치킨 전문점에서 나왔다는 점을 알 수 있을 정도였다.

　이렇게 준비를 하고 11시 30분 정도에 운동회장에 도착했다. 처음 준비한 치킨의 수량은 30마리였다. 그런데 나의 우스꽝스러운 모습을 보더니 점심시간이 시작되기도 전에 매출이 발생했다. 덕분에 11시 45분이 채 되기 전에 준비했던 30마리가 전부 소진되었다. 부랴부랴 전화를 하고 더 많은 양을 준비해 달라고 연락했다. 그러나 튀기는 시간이 있어 약 20마리가 도착한 시간은 이미 점심시간이 시작된 이후인 12시 15분가량이었다. 때문에 처음처럼 그냥 제자리에 서서 사람들이 오기를 기다릴 수 없었다. 나는 20마리의 치킨을 들고 점심식사를 하고 있는 곳으로 이동했다. 그러자 곧 인기 스타가 되었다. 하나의 구경거리가 된 것이다. 12시 30분이 되기 전에 준비했던 20마리까지 총 50마리를 판매할 수 있었다.

게다가 평소 판매하던 치킨 한 마리의 가격은 8,000원이었지만, 운동회에서 판매한 가격은 서비스 음료를 포함해 9,900원이었다. 30분도 채 되지 않아서 약 50만 원의 매출을 올릴 수 있었다. 판매를 끝내고 다시 매장으로 돌아와 늦은 점심을 먹으면서 사장님·사모님과 함께 이야기를 나눴다.

"너, 정말 대단하더라. 처음에는 30마리도 팔지 못하면 어떻게 하나 정말 많이 걱정했다."

"에이, 제가 70마리는 팔 수 있다고 했잖아요. 걱정하시지 마시라니까요!"

그러자 점잖으신 사장님도 이번에는 칭찬을 아끼지 않았다.

"넌 정말 뭘 하든 성공하겠다. 정말 이렇게 대단할지 몰랐어. 그리고 대체 그 닭 가면은 어디서 산 거니? 그걸 뒤집어 쓸 생각은 어떻게 했어?"

"사실, 어제 생각에는 아무리 못해도 5%의 사람들은 치킨을 먹을 거라 생각했어요. 그리고 운동회까지 가서 치킨을 판매하는 사람은 우리뿐일 거라 생각했죠. 그런데 오늘 아침 먼저 가보고 깜짝 놀랐어요. 그래서 튀지 않으면 안 되겠구나 생각했어요. 문구점에 닭 가면이 있던 것이 다행이었죠."

사실 나는 초등학교 운동회에 이처럼 많은 사람들이 자신의 매장 홍보와 함께 판매를 위해 찾아올 것이라는 생각을 하지 않았다. 때문에 처음에는 안일하게 생각했던 것이 사실이다. 다행인 것은 점심시간 전에 사전 답사를 통해 현장의 분위기를 먼저 파악할 수 있었고, 그것에 맞게 대처할 수 있었다는 점이었다.

다시 사장님이 말을 이었다.

"아무튼 오늘 너 정말 멋졌다. 그렇게 우스꽝스러운 모습으로도 멋있을 수 있다는 점을 오늘 처음 깨달았다. 약속했던 인센티브에 인센티브까지 더해줄게. 대신 다음 운동회 때도 함께 해주는 거 약속해야 한다."

"알겠습니다. 다음에는 100마리 팔아볼게요."

실제로 이 이후에 몇 번의 운동회에 홍보와 판매를 위해 참석했고, 30분이 채 되지 않은 짧은 시간에 100마리를 팔아 목표를 달성하기도 했다. 한 학교의 운동회에서만 판매했던 것이 아니기 때문에 나 역시 9월 한 달 동안 등록금의 상당 부분을 마련할 수 있었다.

전화기 한 대로
창업하다
—

　　　　　　　　대한민국 남자들이라면 모두 경험
해야 하는 군 생활을 마치고 복학을 하기 전에 나는 양재동 꽃시장에
서 일을 시작했다. 복학을 하려면 등록금도 마련해야 했고, 용돈도 전
혀 없었기 때문이다. 당시 아무런 기술도 없었던 나는 비닐하우스에
서 하루 종일 꽃을 심고, 거름을 주고, 부자재를 치우는 등의 일을 하
고 있었다. 이른 아침부터부터 저녁까지 10시간을 넘게 일해서 받는
돈은 고작 80만 원 정도였다. 그러나 도매시장의 생리를 배운다는 생
각이었다.

　3개월 정도 일을 하던 중 한 통의 전화가 걸려왔고, 사장님께서 받
은 그 전화의 내용을 눈앞에서 들을 수 있었다.

　"네, 안녕하세요. ㅇㅇ꽃 배달 서비스입니다."

　"예, 안녕하세요. 여기는 거래처 ㅇㅇ인데요. 지금 불러주는 주소로
10만 원짜리 꽃바구니를 좀 보내주세요. 입금은 바로 하겠습니다."

　"알겠습니다. 입금 확인 즉시 준비해서 보내드리도록 하겠습니다.
바로 입금되면 3시간 안에 받아 보실 수 있습니다."

　"네. 그럼 잘 부탁드립니다. 지금 바로 입금합니다."

사장님은 고객에게 걸려온 전화를 끊자마자 다시 전화를 걸었다.

"양재동 도매시장 ○○사장입니다. 우리 가게 이름으로 7만 원짜리 꽃바구니 부탁합니다."

"어떤 상품으로 언제까지 발송하면 될까요?"

"2시간 안에 받을 수 있게 부탁해요. 입금 확실한 고객이니까 더 싱싱한 꽃으로 늦지 않게 보내주세요."

당시 나에게 전화 내용은 충격적이었다. 사장님은 고객에게 전화 한 통을 받고 그것을 도매점에 주문을 넣어 차익으로 약 30%의 수익을 얻었다. 매장도 필요 없고 자본도 필요 없었다. 그저 홍보할 수 있고 전화 한 대만 있으면 가능한 사업이었다. 때문에 꽃 배달 서비스를 연결해주는 사업에 대해 가능성을 조금 더 살펴 본 후 양재동에서의 아르바이트를 관두고 창업을 결심하게 되었다.

내가 살던 방 한편에 전화기 한 대를 설치하고 책받침 전단지 10만 장을 인쇄했다. 아르바이트로 모은 돈 거의 전액을 투자한 것이다. 처음에 그렇게 많은 책받침을 인쇄한 이유는 10만 장을 인쇄해야 비용이 저렴해졌기 때문이다. 다시 말해, 조금이라도 창업비용을 아끼자는 이유였다. 잘되지 않아도 10만 장은 뿌려보겠다는 오기도 있었다. 주로 판매되는 상품은 사무실에서 많이 주문하는 화환과 난초였다. 이들 상품은 가격도 높고 순수익도 괜찮았기 때문이다. 책받침이 인쇄되자마자 나는 매일 아침 출근시간에 유동인구가 많은 지하철역이며 버스정거장 등에서 홍보전단지인 책받침을 배포하기 시작했다.

처음에는 역무원은 물론 주변 상인들에게 쫓겨나기도 했다. 그러나 3일이 지나자 한 통의 전화가 걸려왔다.

"네, 꽃배달 서비스입니다."

"예, 10만 원짜리 상품으로 최대한 빨리 부탁드립니다."

"감사합니다. 입금 즉시 발송하도록 하겠습니다. 입금 후 3시간 안에 받아보실 수 있습니다."

"그런데 입금하기 위한 계좌번호는 어디 있나요?"

"책받침 아래에 보면 있습니다. 확인 가능한가요? 확인 안 되시면 불러드리겠습니다."

"아! 여기 있네요. 지금 입금할게요. 가능한 빨리 부탁드려요."

"예, 걱정하지 않으셔도 됩니다."

창업 3일 만의 수익이었다. 예상보다 매출 발생 시간이 빨랐다. 게다가 그 당시 아르바이트를 통한 수익보다 힘들지 않았다. 아침에 조금 서둘러 홍보를 하면, 오후에는 방에서 공부를 하거나 전화를 핸드폰으로 돌려놓고 개인적인 일을 할 수도 있었다. 학업과 수익 두 마리 토끼를 모두 잡을 수 있어 나에게는 더욱 좋았다. 이렇게 전단지 배포를 시작한 지 2개월 정도 지나니 많을 때는 하루에도 10여 통의 주문 전화가 들어왔으며 하루 순수익도 30만 원이 넘는 경우가 많았다.

당시에는 온라인 포털 사이트에서 광고를 하는 것이 활성화되지 않아 이런 책받침 전단지로 하는 홍보의 효과가 높았다. 아울러 친구나 지인들도 내가 꽃배달 사업을 한다는 소문을 듣고 경조사가 있을 때마다 고정적으로 주문을 했다. 6개월이 채 되지 않아 웬만한 직장인들보다 더 높은 수입을 올릴 수 있었고, 매일 아침마다 전단지를 뿌리지 않아도 될 정도로 고정적인 고객들도 많아졌다. 직원을 고용할 필요도 없이 혼자 자유롭게 시간을 활용하면서 일할 수 있는 점이 무엇보다 좋았다.

하지만 24살이라는 나이에 꽃배달 서비스 사업에 안주하는 것보다 좀 더 좋은 회사에서 일을 하면서 사회 경험을 쌓고 싶었다. 또한 복학도 해야 했기 때문에 전화번호와 상호를 함께 권리금을 받고 다른 사람에게 넘겼다. 처음으로 수백만 원의 목돈을 한꺼번에 벌어보는 경험도 할 수 있었다. 아울러 등록금까지 한번에 해결할 수 있었다.

정보력으로
온라인 사업을 시작하다

꽃배달 서비스를 사업을 운영하고 권리금을 받은 것 덕분에 복학을 한 후 대학 생활은 부족하지는 않았다. 조금은 더 여유롭게 생각을 하면서 지낼 수 있었다. 또한 돈 벌기 위해서는 단순한 아르바이트보다 창업을 하는 것이 정답이라는 생각을 확고히 하게 되었다. 그 시절은 인터넷 포털 사이트의 경쟁이 치열해졌고, 네이버와 다음이 엎치락뒤치락하면서 1위 자리를 차지하려던 때라고 기억된다. 온라인 매장과 관련된 신드롬이 시작되던 때이기도 했다.

나는 손목시계를 하나 구입하고 싶어 인터넷 쇼핑몰 오픈마켓을 찾았다. 그런데 한 가지 특이한 점을 발견했다. 같은 상품이라도 쇼핑몰마다 가격 차이가 난다는 것이었다. 이런 사실을 발견하고 나는 재미 삼아 한 가지 상품을 정해 놓고 최저가를 검색하기 위해 노력했다. 수많은 사이트를 방문하면서 최저가와 최고가가 심지어 50% 이상 차이나기도 한다는 사실을 발견했다. 같은 상품이고 오프라인 매장처럼 서비스에 대한 차이가 나는 것도 아닌데 가격 차이가 발생하는 것이다. 다음 날 경영학을 공부하고 있는 친구와 밥을 먹으면서 질문을 했다.

"어제 손목시계를 하나 사기 위해서 인터넷 쇼핑몰을 검색해 봤는데 우연히 재미있는 것을 봤어."

"뭔데 그래?"

"응. 한 쇼핑몰에서 마음에 드는 손목시계 몇 개를 골라두고 더 마음에 드는 것이 있는지 다른 쇼핑몰에 접속했거든. 그랬더니 먼저 접속했던 쇼핑몰에 있는 것과 똑같은 시계가 더 싸게 판매되고 있더라고."

"그래서? 그게 뭐 어쨌다고?"

"인터넷 쇼핑몰에서 주문을 하면 특별한 서비스를 받는 것도 아니잖아. 사람들은 이미 만들어져 있는 쇼핑몰에 직접 찾아가 상품을 고르고 몇 가지 단계를 거쳐 구매하는 것이잖아. 가격 차이가 발생할 일이 없는데 엄연히 가격 차이가 발생하니까 이상해서 왜 그런 것이 가능한지 물어보는 거야."

"그러니까 똑같은 상품인데 가격이 다른 것이 이상하다는 것이지?"

"응, 백화점과 전통시장의 경우 매장을 운영하는 비용과 서비스 그리고 브랜드에서 고객들의 만족도가 달라지기 때문에 가격 차이가 발생한다는 것은 알고 있어. 그런데 온라인 쇼핑몰은 운영하는 비용도 백화점이나 전통시장처럼 차이가 나지도 않을 것이며 고객들에게 해주는 서비스도 별로 없잖아. 게다가 온라인 쇼핑몰이 특별한 브랜드를 가지고 있는 것도 아니잖아."

사실 그 당시만 해도 온라인 쇼핑몰이 이제 막 생기던 시기였기 때문에 각 쇼핑몰별로 크게 차별화되지도 않았고, 온라인 쇼핑몰과 관런된 서비스도 거의 없던 시기였다. 경영학을 공부하고 있는 친구는 내 얘기를 듣더니 얘기를 시작했다.

"아마도 그렇게 가격 차이가 나는 것은 정보의 비대칭성 때문이 아닐까? 시장에 있는 모든 정보를 소비자가 정확하게 알지 못하기 때문에 시간이 많지 않아서 혹은 인터넷이 익숙하지 않아서 모든 쇼핑몰에 접속해 볼 수 없는 사람들은 자신이 선택한 상품의 가격 비교를 정확하게 하지 못하겠지. 그 때문에 가격 차이가 발생하는 게 아닐까?"

"그러니까 쇼핑몰을 운영하는 판매자에 비해 쇼핑몰에서 판매하는 상품을 구입하는 소비자가 정보를 몰라 똑같은 상품이 가격 차이가 발생해도 구매를 한다는 뜻이지?"

"응. 그렇지. 나도 언젠가 이런 내용을 배운 적이 있어. 미국의 한 교수는 '레몬 시장'이라는 논문을 발표해 노벨경제학상을 수상했다고 해."

"갑자기 웬 레몬이야?"

"레몬 시장은 진짜 레몬에 대한 것이 아니고, 중고차 시장에 대한 것이야."

"중고차 시장?"

"응. 중고차 시장은 판매하는 딜러와 중고차를 구매하는 소비자 사이에서 정보의 비대칭이 심하게 발생해. 중고차 시장에 판매할 차가 들어오면 딜러는 조금 더 비싼 가격에 판매하려고 경미한 사고는 무사고 차량으로 보이도록 한다든가 광택을 내고 도색을 하는 등 보기 좋은 모습으로 바꾸지. 마치 레몬의 상큼한 향과 빛깔로 보기 좋게 바꾸는 것이야. 그런데 먹어 보면 레몬은 아주 시지. 반면 간혹 사고도 없고 운행 기간도 짧았지만 가격이 낮은 아주 좋은 차가 들어오기도 해. 반면 그런 차 주인은 차에 많은 지식이 없기 때문에 세차를 잘 하지 않는다든가 타이어 교체시기를 놓친다든가 하는 등의 교체하면 아주 쉽게 없앨 수 있는 결함이 있지. 이런 차를 복숭아라고 해. 겉으로 보이게 꺼칠꺼칠한 털이 있지만 과육은 부드럽고 달콤해서 붙은 비유야."

"그래서 레몬과 복숭아가 시계의 판매가격과 무슨 연관이 있어?"

"응. 조금 더 들어 봐. 중고차 시장에서 차를 구매하려는 소비자는 복숭아를 사고 싶어 하지. 그런데 아무리 노력해도 딜러보다 소비자가 차에 대해 많은 정보를 알 수 없어. 때문에 아무리 꼼꼼하게 살펴 저렴한 가격으로 차를 구매한다고 해도 결국은 레몬을 사게 되는 것이지."

"결국 정보를 더 많이 알고 있는 사람인 딜러가 유리한 조건으로 판매한다는 얘기를 하고 싶은 거야?"

"응, 바로 그거야. 똑같은 시계의 가격이 다른 것도 결국 해당 상품에 대한 정보를 더 많이 알고 있는 판매자와 상대적으로 정보가 없는 소비자와의 차이에서 발생하는 것이겠지."

"아, 그럼 더 많은 정보를 가지고 있는 사람이 결국 유리한 거네?"

"응, 그렇지."

"그럼 네 말대로라면 정보의 비대칭이 사라지면 모든 쇼핑몰의 가격이 똑같아진다는 것이라고 생각해도 되네?"

"응. 그런데 거의 대부분의 정보는 정보를 가지고 있는 사람이 통제하고 있으니, 모든 상황에서 정보를 똑같이 알기는 거의 불가능하지."

결국 정보를 많이 가진 사람이 협상 조건, 즉 판매 가격을 책정하기 때문에 정보가 부족한 소비자의 경우 다소 비싸더라도 상품을 사게 된다는 것이 결론이었다. 이런 결론이 나자, 나는 용돈을 벌 수 있는 또 하나의 수익 사업을 시작하게 되었다.

　　처음에는 내가 사려고 했던 손목시계와 똑같은 상품을 최저가에 몇 개 더 주문을 하고, 한 대형 쇼핑몰에 관련 상품을 올렸다. 가격은 최저가와 최고가 사이의 중간 가격 정도로 책정했다. 2일 정도 지나자 제품을 구매하겠다는 요청이 들어왔다. 나는 정성스레 해당 상품을 포장해 발송했다. 이것으로 차액 2만 원 정도가 남았다. 가능성을 확인한 후, 나는 몇 가지 손목시계를 더 선택했다. 그리고 10여 개의 상품을 각각 쇼핑몰에 올렸다. 매일 십 분에서 이십 분 정도 투자해 5만 원 이상의 수익을 남길 수 있었다. 이 수익을 용돈으로 써도 충분할 정도였다.

　　그러나 이런 방법은 온라인 가격비교 사이트가 본격화되자 곧 수익성이 급감했다. 때문에 온라인에서 정보의 비대칭으로 쉽게 수익을 올리는 방법은 더 이상 쉽지 않은 방법이 되었다. 그러나 지금도 오프라인에서는 정보 비대칭으로 인한 기회가 많이 있다. 결국 어떤 사업의 경우 정보를 선점해 보여줄 것인가의 문제다.

최고의 사업 아이템,
그러나 실패를 맛보다

―

여러 가지 일에 손을 대고 인맥을
넓히면서 지인들이 하고 있는 일의 영역도 다양해졌다. 그중 친한 형
님이 하는 일은 음식점 경영이었다. 식사를 하면서 서로 이런저런 정
보를 주고받고 있었다. 그런데 맛있게 먹고 있던 소 육수에 대한 궁금
증이 생겨 가벼운 질문을 시작했다. 그런데 그게 시작이 되어 하나의
사업으로 진행되었다.

"잘 지냈어?"

"응. 뭐 그렇지. 넌 잘 지냈어?"

"응. 나도 뭐 그렇지."

"역시 언제 먹어봐도 그렇지만, 형네 집 국물 맛은 최고란 말이야."

"진심으로 하는 소리냐?"

"당연하지. 우리 어머니가 해주는 사골 국물 맛은 이런 맛이 나지
않는데, 어떻게 하면 이렇게 깊은 국물 맛을 낼 수 있어?"

"그건 영업 비밀이다. 공짜로 가르쳐 줄 수 있겠냐? 그거 알아내려
고 내가 몇 년간 주방에서 고생했는데……."

"아깝네. 형이 그거 알려주면 형네 가게 바로 옆에다가 하나 차리려

고 했는데 말이지!"

서로의 일이 바빠서 오랜만에 만났는데도 우리는 자연스럽게 이야기를 시작했다. 그러다가 나는 갑자기 어떻게 사골국물 맛을 내면서 음식점의 수지타산을 맞추는지 궁금증이 생겼다.

"사골 국물을 우려내는 데 비용이 만만치 않잖아? 사골값도 있고, 몇 시간 동안 우려내려면 가스비도 장난이 아닐 테고……. 그런데 어떻게 수익을 남겨?"

"또 영업 비밀 캐내려고 한다! 내가 공짜로 알려주겠냐?"

"형, 내가 진짜로 형네 가게 옆에다가 똑같은 것 낼 것 같아 무섭긴 무섭나 보다. 하긴 내가 한번 하면 형보다 잘하겠지!"

이렇게 말하고 우리는 한 번 신나게 웃었다. 그리고 형은 말을 이어갔다.

"너 정육점에서 한우 사골 사본 적 있냐?"

"당연하지. 결혼하려면 그 정도쯤은 해야 하는 것 아니야?"

"그래, 한우 가격이 저렴했니?"

"아니, 잡뼈의 경우도 몇 만 원 이상이고, 품질 좋은 꼬리를 사려면 최소 십만 원 이상은 필요하던데. 게다가 최상품의 사골을 사도 몇 백 그릇의 육수가 나오는 것도 아니고, 형네 가게에서 먹는 것처럼 맛이 좋지도 않더라고."

"그치! 그래서 사실 나도 고민한다."

"그게 무슨 소리야?"

"우리나라 사람들은 한우 사골에 입맛이 길들어져 있어. 그리고 사 먹는 것이라면 최소한 집에서 우려낸 국물보다 맛이 진하고 좋아야 한다고 생각하지."

"물론 그렇겠지. 집에서 하는 게 더 맛있으면 누가 식당에 찾아가겠어."

"그렇겠지. 그래서 비싼 한우 사골을 쓸 수밖에 없어. 그런데 최상급 한우만 사용해 육수를 내면 한 그릇에 2만 원 이상을 받아도 수지가 맞지 않아. 설렁탕 한 그릇에 2만 원 이상을 받으면 아무리 육수가 맛있다고 해도 먹으러 오는 사람들이 줄어들 게 분명해."

"응. 2만 원이면 좀 비싸다고 생각 드네. 그러면 조금 더 보태서 등심을 먹는 것이 낫겠는걸."

"아무래도 그렇지. 그래서 보통 우리같이 사골 국물로 맛을 내는 식당에서는 비싼 한우와 호주 등 외국 소뼈를 섞어서 육수를 만들어. 가격은 낮추고 맛은 더하기 위한 방법이지."

"국물 맛을 좋게 하기 위해 조미료를 넣는 것은 물론 심지어 프림이나 우유를 넣기도 한다고 하던데? 그건 사실이야?"

"응. 그런 소문이 있긴 하지. 실제로 그런 집이 있을 수도 있고. 그런데 우리처럼 정말 맛있게 육수를 우려내는 집의 경우, 따로 소고기 수육을 판매하잖아. 그게 왜 그러냐면, 국물 맛을 더하기 위해 자연스럽게 고기를 함께 삶기 때문이야. 결국 뼈하고 고기를 함께 우려내서 맛을 내는 것이지. 그런데 전문점이 아니라 이것저것 전부 파는 식당의 경우, 통조림처럼 포장되어 나온 국물을 데워서 손님에게 내놓을 뿐이야. 그래서 수육을 팔지 않지."

"그렇군. 재미있는 사실을 알았네. 그런데 왜 호주산 등 외국 소뼈로 국물을 우려내면 맛이 없는 건데?"

"너 정말 하나 차리려나 보다!"

형의 농담에 우리는 잠시 함께 웃었다. 형은 보통 식당에서 몇 년간 일을 해야 알 수 있는 노하우라며 너스레를 떨기도 했다.

"내가 식품영양학과 교수가 아니라서 이론적으로는 잘 모르겠지만, 소의 DNA 자체가 달라서 그렇다고 하더라."

"우와! 형 정말 많이 알고 사업하는구나."

"DNA가 다르니 호주나 뉴질랜드 등 청정국가에서 아무리 좋은 풀을 먹고 방목해서 자란 소뼈로 국물을 우려낸다고 해도 우리 한우와 맛이 달라. 내가 궁금해서 직접 한 번 집에서 이틀 동안이나 우려내본 적도 있어. 뭔가 심심하고 구수한 맛이 덜해."

"그럼 만약 한우와 DNA가 비슷한 소뼈를 저렴한 가격에 공수할 수 있다면 비용을 대폭 낮추면서 맛은 잡을 수 있겠네."

"그렇게만 되면 대박이지."

우리의 대화는 여기까지였다. 그냥 호기심에 한 질문이었기 때문에 후에 이 질문이 사업으로 이어질 것이라는 사실은 전혀 예상하지 못했다. 그런데 우연한 기회에 친한 선배의 지인을 만나게 되었다. 지인은 중국 연변 지역 출신의 엘리트였고, 한국에서 공부하고 있었다. 선배와 함께 연변 출신의 지인을 몇 번 만나다가 함께 설렁탕을 먹을 기회가 있었다. 덕분에 아주 우연히 사골 국물을 내는 노하우에 대한 얘기를 하게 되었다.

"진하고 고소한 설렁탕 국물 정말 최고 아네요?"

"네, 제가 살았던 연변의 맛과 거의 비슷해요. 그래서 제가 설렁탕을 무지 좋아합니다."

"연변에도 설렁탕을 먹어요?"

"당연하죠. 한국에 있는 음식 거의 대부분 다 먹을 수 있어요. 조금 다른 것도 있지만요. 게다가 설렁탕의 경우, 한국과 거의 맛이 비슷한데요."

나는 연변 지인의 이 말을 듣고 사업 아이템을 하나 떠올렸다. 바로 연변의 저렴한 노동력을 이용해 한우를 우려낸 국물 맛과 비슷한 맛을 내는 육수를 제조하는 것이었다. 때문에 관련된 정보를 찾기 시작했고 연변 지역에 있는 '황우'라는 소가 한우와 DNA 구조가 거의 흡사하다는 것을 알아낼 수 있었다. 그리고 이런 사실을 기본으로 다시 그 지인을 만났다.

"제가 알아보니까 한우와 연변의 황우의 DNA가 거의 흡사하다고 해요."

"그래서 그게 무슨 상관이죠?"

"한국은 소를 우려낸 국물을 많이 먹잖아요. 그런데 한우 가격이 비싸서 고급식품에 속한다구요. 때문에 식당은 가격을 낮추기 위해 한우와 외국의 소뼈를 섞어서 국물을 우려내고요."

"네, 그게 저와 무슨 상관이죠?"

"그런데 한우와 연변의 황우는 거의 비슷한 소라는 거죠. 결국 연변의 황우를 우려내면 한우를 우려낸 맛과 비슷한 국물 맛이 나지 않겠어요? 제가 연변에 대해 잘 모르니까 조금만 도와주신다면 연변에서 육수공장을 세울 수 있을 것 같아요. 만약 육수공장을 세우고 레토르트 공법으로 진공 포장해서 우리나라로 들여올 수만 있다면 사업성은 어마어마할 거예요."

"듣고 보니 그러네요. 그럼 제가 어떤 부분을 도우면 될까요?"

"제가 사업을 기획하고 투자자를 모으는 등 한국에서 할 수 있는 일을 할게요. 연변에 대해 저는 잘 모르니까 형님은 연변에서 할 수 있는 것들을 찾아주세요."

이렇게 시작된 사업은 1년 이상의 시행착오를 거치며 발전했다. 가스 공급이 원활하지 않아 고생을 했으며 결국 석탄을 이용해 국물을 우려내는 설비를 갖췄다. 완벽한 멸균과 진공 포장으로 3개월 이상 유통 가능한 레토르트 포장 노하우도 생겼다. 시장 조사를 해본 결과, 국밥전문점은 모두 납품할 수 있는 상품이었고, 시장 규모는 최소 1000억 원 이상이었다. 한마디로 탄탄대로의 길이 열린 것이다. 그러나 이 사업은 반만 성공한 사업이 되었다.

막대한 투자를 했고 수많은 난관을 이겨냈지만, 복병을 만났기 때문이었다. 당시 중국은 광우병 위험국가로 분류되어 있었다. 때문에 중국에서 만든 육수는 한국으로 반입되지 않았던 것이다. 육수에 대한 것만 살폈을 뿐 광우병에 대해서는 지식이 없었기 때문에 이런 실수를 범했다.

중국 현지에서 관련 업무를 담당했던 지인의 경우, 육수와 관련한 사업을 계속했다. 반면 한국으로 수출해서 창업할 예정으로 한국인의 입맛에 맞는 육수를 개발하던 사람의 경우, 소 육수 사업의 한국 진출이 좌절되면서 경제적으로 매우 어려운 상태에 빠졌다.

이 경험으로 인해 사업을 하려면 작은 것 하나라도 놓치지 않기 위해 돌다리도 두드려 보는 심정으로 임해야 한다는 것을 다시 한 번 깨달았다.

무일푼으로 시작해
'유쿡 한방족발 전문점'의 공동창업자가 되다

소 육수 사업 철수 후 선릉역 근처
에 상가 매장을 얻었다. 그 매장은 유독 음식점이 잘되지 않는 곳이었
다. 이전에도 음식점으로 운영되었으나 계속해서 망해 나갔고, 이번에
도 역시 사용집기까지 모두 두고 나간 상태로 권리금도 없었다. 당시
주변 사람들은 모두 그 자리가 음식점의 위치로 적당하지 않다고 입
을 모았다. 하지만 나는 지푸라기라도 잡는 심정이었다. 또 중국 사업
에 많은 투자를 하고 본전도 못 건져 수중에 자본이 많지 않았다.

함께 중국 사업에 몰두했던 지인과 함께 매장을 얻어 볼 생각이었
다. 그 지인은 중국 사업에서도 육수 맛을 담당했었다. 즉, 음식 실력
은 수준급이었다. 같이 음식점을 내기로 합의하고 나는 투자자를 찾
기 위해 분주한 시간을 보냈다.

투자자를 모으는 것은 크게 어렵지 않았다. 함께 창업하기로 한 분
의 음식 솜씨를 이미 알고 있던 사람이 많았기 때문이다. 당연히 투자
를 하겠다고 나선 사람은 당시 음식 맛을 본 지인이었다. 그러나 초기
투자금이 많지 않아서 기존에 있던 설비에 약간의 내부 보수와 간판
작업을 한 것이 전부였다.

창업 아이템은 한방족발이었다. 족발은 이미 익숙한 음식이기 때문에 거부반응이 없을 것이라 예상했다. 여기에 차별성을 두기 위해 한약재를 첨가해 맛을 더하고 돼지고기의 누린내를 잡았다. 아울러 차갑게 해서 손님들에게 내놓는 것이 아닌 따뜻한 족발을 표방했다. 따뜻하면 식감이 더 쫀득해지며 담백함도 배가 되기 때문이다. 다만 따뜻한 족발은 좀 느끼한 맛이 나는데 한약재를 재료로 사용했기 때문에 느끼한 맛을 덜 느꼈다. 그렇게 1개월 정도 준비를 하니 제법 가게 모양을 갖췄다.

물론 처음에는 장사가 잘되지 않았다. 매장 입지가 좋지 않았다. 일부러 찾아와야 하는 곳이었다. 때문에 처음에는 전철역과 주변 사무실에 전단지를 배포했다. 가격도 특별 할인했다. 가격 할인과 동시에 전단지 배포로 조금씩 손님들이 오기 시작했다. 선릉역 주변에 족발집이 적다는 점도 주요했다. 간단하게 술 한잔 하고 싶은 회사원들의 주 메뉴 중 하나가 족발이다. 이미 친숙한 메뉴라는 장점이 있다. 그런데 선릉역 부근에는 비싼 임대료와 지역 문화 등으로 인해 족발을 전문으로 하는 식당이 적었다.

경쟁 매장이 별로 없다는 장점과 홍보가 더해지자 손님들이 들어차는 것은 그다지 오래 걸리지 않았다. 게다가 족발이 맛있다는 소문도 나기 시작했다. 초기에는 홍보에 주안점을 두었다. 그러나 역시 음식점 성패의 핵심 요인은 맛이었다. 2개월이 채 되지 않아 손익분기점을 넘겼고, 3개월 정도 지나자 저녁시간에는 줄을 서서 번호표를 받아야만 음식을 맛볼 수 있을 정도가 됐다.

현재 개업을 한 지 만 5년이 지났고, 확장 이전해 더 많은 사람들에게 맛을 알리고 있다. 현재 일일 평균 매출은 300만 원 이상이다. 프랜차이즈 업체 및 일반인의 가맹사업 문의까지 쇄도하고 있다. 하지만 프랜차이즈 본사를 하면 당분간 수익은 더 높아질지 몰라도 맛의 차별화가 힘들기 때문에 아직 프랜차이즈를 할 생각은 아직은 없다.

함께 창업한 유국근 사장님은 소 육수 사업에서 연을 맺었고, 그로 인해 힘든 시기도 겪었다. 재기하는 모습을 보면서 역시 사업은, 사업의 핵심이 무엇인지 정확히 파악하고 그것을 잘하는 것이 성공으로 향하는 가장 좋은 방법임을 다시 한 번 깨달았다.

유쿡 한방족발 전문점의 내외 인테리어와 요리

사라지는 창업 아이템,
오히려 기회로 만들다
—

유국근 사장님과 선릉역 근처에서 요식업을 준비할 당시 의류 사업에 관심이 많았던 나는 한동안 의류회사에 입사하려고 노력했다. 사람들은 모두 자신의 개성을 뽐내고 다른 사람과 차별화하기 위해 더 멋진 옷을 입기를 희망하기 때문에 의류 사업은 계속 성장할 수 있는 사업이라고 생각했다. 또한 의류 회사에 입사한 후 경력을 쌓으며 관련 지식을 습득하면 결국 창업으로 이어질 것이라 생각했다. 그러나 의류업과 관련해서 경력이 전혀 없는 내가 들어갈 수 있는 의류 회사가 없었다. 계속 고배의 쓴잔만 마시다가 결국 창업을 결심했다.

창업에 대한 결심이 생기자 우선 어떤 의류를 창업 아이템으로 선정해야 할지부터 선택해야 했다. 남성복으로 할 것인지 여성복으로 할 것인지 타깃 층의 연령은 어떻게 선택해야 할 것인지 등에 대한 고민을 시작한 것이다. 그 당시 내 나이도 서른이 넘어가고 있었고 친구들도 하나둘 결혼하기 시작했으며 나 역시 결혼에 대해서 진지하게 생각하고 있던 시기였다. 게다가 전부터 한복의 아름다움에 대해 매력을 느끼고 있었기 때문에 창업 아이템으로 한복을 선택했다. 조금 더 정확하게 말하면, 결혼할 때 한복을 맞추는 것이 필수이기 때문에 한복의 수요는 유행을 타지 않을 것이라는 믿음과 함께, 대기업이 진입하지 않은 틈새시장이라는 점도 창업 아이템으로 한복을 선택한 이유였다.

그러나 내가 창업 아이템으로 한복을 선택하자 주위 사람들은 하나같이 말리기 시작했다. 대표적인 이유는 판매할 수 있는 수요자가 극소수라는 점이었다. 대부분 자신이 결혼할 때와 자녀가 결혼할 때를 빼고는 한복을 구매하지 않는다는 것이다. 게다가 혼수가 간소화되는 추세여서 아예 한복을 마련하지 않는 예비부부도 있다는 말도 들었으며, 이미 진입한 업체들이 시장을 장악하고 있어 자리를 잡는 데 쉽지 않을 것이라는 걱정도 수없이 들었다. 그러나 이미 시장이 형성되어 있는 아이템의 경우 창업 성공의 90%는 아이템이 아니라 창업주의 성실성과 태도라고 믿었다. 다시 말해, 얼마나 수익 창출을 위해 노력하는가가 문제다. 따라서 과감하게 매장을 열었다.

창업 초기 고객은 예상보다 훨씬 적었다. 찾아오는 손님은 지인이 전부였다. 손님이 없다 보니 얼마 되지 않았던 자본금은 금세 바닥을 보이고 있었다. 매장 관리 직원 월급도 제대로 줄 수 없을 지경에 이르렀다. 따라서 그저 매장에서 손님을 기다리는 수동적인 영업이 아닌 좀 더 적극적인 영업을 계획했다. 처음으로 생각한 것은 기존에 다니던 회사는 물론 지인 회사의 휴게실이나 회의실 등을 빌려 직접 홍보하고 저렴하게 판매하는 것이었다. 쉽게 말해 방문판매였다.

가장 먼저 방문판매를 실시하기 위해 연락한 곳은 바로 기존에 다니던 회사의 인사담당 이사님이었다. 임직원 100명 정도의 크기도 그렇다고 작지도 않은 회사였다.

"안녕하세요, 이사님. 저 이세진입니다."

"어, 세진 씨. 오랜만입니다. 그동안 잘 지내셨나요?"

"예. 염려해 주시는 덕분에 잘 지냈습니다. 회사는 별일 없이 잘 진행되고 있죠?"

인사담당 이사님과 덕담을 주고받으며 분위기를 좋게 만들었다. 그러자 이사님께서 먼저 전화를 건 용건이 뭔지 은근슬쩍 물어보았다. 나는 기회를 잡기 위해 감사인사부터 드리고 본론으로 들어갔다.

"그런데 세진 씨, 정말로 그냥 안부인사 하려고 전화한 거예요?"

"아, 감사합니다, 이사님. 안 그래도 부탁드릴 게 하나 있는데요. 실례가 될 것 같아서 망설이고 있었거든요."

"그게 뭔가요? 제가 할 수 있는 거라면 도우면서 사는 게 좋죠."

"다름이 아니라, 얼마 전부터 제가 한복 사업을 시작한 것은 알고 계시죠?"

"물론 알고 있죠. 벌써 우리 회사에 소문이 자자하던데요. 옷이 좋고 예쁘다고요."

"다행히 좋은 원단으로 예쁘게 한복을 만들어 주는 업체하고 협력해서 상품은 자신 있는데, 아직 자리를 잡지 못해서 매출이 너무 낮습니다. 그래서 드리는 부탁입니다."

이렇게 말하고 망설임 때문에 잠시 말을 끊었다. 그러자 이사님께서 재촉하듯이 말씀을 이었다.

"뭘 그렇게 뜸을 드려요. 우리 쪽에서 뭐든 할 수 있는 게 있다면 해야죠."

"그럼, 혹시 점심시간에 회의실을 잠깐만 써도 될까요?"

"회의실이요? 우리 회사에서 회의를 할 건 아닐 것 같은데, 이유가 뭐죠?"

"명절 때 아이들 한복을 다들 하나씩은 마련하잖아요? 이제 조만간 추석이 다가오기도 하고요. 그래서 회의실로 저희 업체가 직접 찾아가서 저희 한복 샘플을 보여드리고, 구매 의향이 있으신 분들에게 시중가보다 훨씬 저렴한 가격으로 판매를 하면 어떨까 해서요."

"그러니까 단순히 회의실만 빌리는 것이 아니라, 회의실과 함께 직원들이 옷을 볼 수 있도록 시간까지 낼 수 있게 해야겠군요."

"예, 그렇게 해주시면 정말 감사합니다."

"그럼 며칠 전부터 공지를 좀 해야겠네요. 점심시간에 한복을 보고 구매 의향이 있다면 디자인을 선택하고 사이즈를 적어놔야 한다고요."

"예, 제가 정말 시중에서 절대 구매할 수 없는 가격으로 공급하겠습니다."

"좋아요. 언제 하면 될까요?"

"말씀만 해주신다면 언제라도 좋습니다. 아니 언제라도 좋지만 조금 빠르면 빠를수록 좋습니다. 이사님만 믿겠습니다. 부탁드립니다."

"알겠어요. 제가 사장님하고 다시 한 번 상의한 다음에 전화 드릴게요. 아마 내일이나 늦어도 모레까지는 연락할 것이니 걱정 말고 있어요."

"네, 이사님. 감사합니다."

다음 날 점심때쯤 이사님께 연락이 왔고, 일주일 후 11시 30분부터

1시 30분까지 회의실을 사용해도 된다는 허락을 받았다. 우선 상품을 홍보하고 판매할 수 있는 장소가 생기자 그 다음에 할 일들이 많아졌다. 어떤 디자인의 한복을 챙겨가야 하며 샘플은 몇 벌이나 준비해야 하는지 등 상품에 관한 것은 물론이며, 어떻게 하면 더 많은 직원들이 관심을 갖게 할 수 있을지도 고민해야 했다.

최종적으로 회의실을 홍보 매장 대신으로 사용하기로 한 3일 전에 회사에 방문해 감사 인사를 드리고 직접 준비한 전단지 게재를 허락받았다. 한복의 디자인을 확인할 수 있도록 컬러로 인쇄한 전단지였다. 회사에 걸려 있는 흑백 인쇄물과 차별성이 부각되어 직원들의 시선을 잡을 수 있었다. 아울러 디자인은 남아와 여아 각각 3종류를 구비했으며, 사이즈는 초등 저학년까지 입을 수 있는 것으로 5단계를 준비했다. 그래야 대량생산으로 제작 단가를 더 낮출 수 있기 때문이다. 마지막으로 전단지의 핵심인 가격을 좀 더 확실하게 어필하기 위해, 기존 판매가보다 얼마나 더 저렴한지 확인할 수 있도록 했다. 그 가격은 인터넷 매장을 아무리 뒤져봐도 도저히 찾을 수 없는 가격이었다.

결과는 대성공이었다. 내 얼굴을 보고 구매한 직원도 있었지만, 그보다 명절이 다가오고 있었고 시중가는 물론 인터넷 최저가보다 저렴했기 때문에 어린 자녀나 사촌동생 혹은 조카들에게 선물하기 위해 한 사람이 몇 벌씩 구매한 덕분이었다. 게다가 아동용 기성한복이 아닌 예상치 못했던 성인용 맞춤한복의 예약도 10여 건이나 받았다.

회의실에서의 두 시간 동안의 매출이 매장을 열고 몇 개월 동안 노력한 것보다 많았다. 장사가 잘 안 되면 어깨에 힘이 빠지고 일에 회의가 느껴지지만, 반대로 일이 잘 풀리면 더욱 피곤한지 모르고 흥이 난다. 따라서 더욱 적극적으로 한복의 장점을 설명하고 내 회사의 장점에 대해 어필했다. 그러나 어느새 약속했던 시간이 다가왔다. 때문에 아쉬움을 남겨두고 매대를 접을 수밖에 없었다.

정리하고 있는데 이사님께서 회의실로 들어오셨다.

"오늘 결과는 좋았어요? 나도 한 벌 구매하고 싶은데요."

"예, 오늘 결과는 정말 좋았습니다. 그래서 구매하시는 대신 제가 한 벌 선물해 드리고 싶습니다. 사이즈만 말씀해 주시면 제가 디자인이 가장 잘 나온 것으로 보내드리겠습니다."

"내가 뭐 한 것이 있나요? 그저 회의실을 빌리고 싶다는 얘기를 전달한 것밖에 없는데요."

"네, 사장님께도 약소하지만 선물 보내드리도록 하겠습니다. 도움 주셨는데 그냥 도움만 받고 끝날 수 있나요? 작은 선물이라도 하는 게 도리인 것 같습니다."

"암튼 그건 그렇고 회의실을 빌려서 매출을 올리는 것은 단발성에 그칠 것 같은데…… 사업을 하려면 꾸준한 매출이 나와야 하잖아요. 다음엔 어떻게 할 생각인가요?"

"예, 오늘 결과를 보니 이런 방문판매 수요에 대한 확신이 들었습니다. 중견기업 등과 협의해 오늘과 같은 행사를 진행하면 이번 설까지 매출을 조금 높일 수 있을 것 같습니다."

"명절 다음에는 어떻게 할 예정인데요? 나도 오늘 직원들의 호응이 좋은 것을 보면서 생각한 것인데, 아파트 노인정이나 몸이 불편해서 매장 방문이 어려운 사람들을 위해 출장을 다녀보는 것은 어때요?"

"정말 좋은 생각입니다. 역시 저는 더 배워야 할 것 같습니다. 정말 감사합니다."

회의실을 빌려 홍보실처럼 사용한 것을 계기로 본격적인 제안서를 만들고 여러 기업과 협의해 명절 특수 기간 동안 매출을 올릴 수 있었다. 그러나 명절이 끝나자 예상했던 것처럼 매출은 급감했다. 아울러 방문판매 제안을 받아주는 회사도 거의 없었다. 여름에 털장갑에 아무도 관심을 갖지 않듯, 상품에 관심을 갖는 기간이 끝났기 때문이었다.

따라서 이사님의 조언대로 찾아가는 서비스를 시작했다. 노인정이나 부녀회 등이 대표적이었다. 아울러 시간이 없어 매장을 찾기 어려운 소비자를 위해 출장서비스까지 실시했다. 이렇게 적극적으로 홍보를 하며 판매를 한 결과, 매장에 찾아오는 사람도 늘었다. 그러나 상승곡선은 기대만큼 빠르게 높아지지 않았다. 따라서 매출을 올리기 위한 또 다른 방법을 찾아야 했다.

매출이 생각보다 높지 않아 어떻게 하면 매출을 더욱 높일 수 있을 것인지 고민하다 보니, 맨 처음 한복을 선택한 이유가 무엇인지까지 생각하게 되었다. 맨 처음 창업 아이템으로 한복을 선택한 이유는 예비부부라면 누구든 한복을 맞춘다는 것이었다. 다시 말해 예비부부에 대한 수요가 끊이지 않을 것이라는 확신 때문에 한복을 선택했다. 그런데 단지 매장을 방문하는 손님만 기다리고 있었을 뿐, 직접 예비부부를 찾아가지 않았다. 따라서 이번에는 직접 예비부부를 찾아가서 매출을 높일 수 있는 방법을 생각했다.

가장 먼저 생각한 것은 박람회였다. 최근에는 산업 전시가 활발해지면서 특정 산업의 관련 업체들을 한곳에서 동시에 파악할 수 있는 공간이 많이 생겼다. 웨딩박람회는 물론 육아박람회, 모터쇼 등이 대표적이다. 따라서 웨딩박람회에 참석해 회사도 알리고 고객도 유치할 계획을 세웠다.

정보를 찾아보니 관련 박람회 일정 중 가장 빠른 것은 3개월 후였고, 아직 박람회에 참여할 기업을 모집하고 있었다. 이런 박람회에 참석하면 회사의 인지도도 높일 수 있으며, 직접 매출도 일으킬 수 있을 것이라 생각했다. 그러나 문제는 박람회에 참여하기 위해 지불해야 할 비용이 너무 높다는 것이었다. 월말이 다가오면 직원들 월급을 줄 생각에 긴장을 늦출 수 없을 정도로 여유자금이 없었던 때였기에 높은 비용을 지불하면서까지 모험할 여력이 없었다. 또 다른 돌파구를 찾아야 했다.

며칠 밤잠을 설쳤다. 사실 소 육수 사업의 경우, 너무나 순조롭게 잘 풀리다가 마지막에 무너진 경우라서 이처럼 많은 고민을 하지 않았다. 게다가 투자자도 있었기 때문에 나는 내가 맡은 역할만 최선을 다해서 완벽하게 하면 됐었다. 그러나 내 자금으로 직접 투자를 하고, 내가 번 돈으로 직접 월급을 줘야 하는 상황이 되니 생각보다 매출이 나오지 않을 경우 압박감은 엄청났다. 평소 술을 잘하지 못하는데도 도무지 술이 없으면 잠이 오지 않을 정도였다. 아니 아무리 술을 마셔도 정신은 더욱 또렷해지다가 어느 순간 술에 이기지 못해 잠을 잘 정도였다. 그러나 아침에 일어나도 숙취는커녕 정신은 더욱 또렷해졌다.

한복 사업은 예상보다 잘 풀리지 않았다. 하루는 아는 사업 선배님을 만나 조언을 구하기로 약속했다.

"선배님, 정말 오랜만에 뵙습니다. 그동안 잘 계셨는지요?"

"응, 잘 있었지. 뭐 그동안 별일은 없었고?"

"저는 저번에 전화로 짧게 말씀드렸던 것처럼, 조그만 한복 매장을 하나 열어서 고생하고 있습니다. 아직 자리를 잡지 못해서 고민 중입니다. 매달 월급날만 되면 쥐구멍에라도 숨고 싶은 심정입니다."

이런 말을 했더니 선배는 한 번 호탕하게 웃고, 말을 이어 나갔다.

"너 이제 본격적으로 사업가가 되고 있구나. 직원들 월급 걱정도 하고……. 그런 걱정하는 것 보니 조만간 자리 잡겠는데……."

"예? 걱정하는 것하고, 자리 잡는 것하고 무슨 상관이에요? 그러지 말고 빨리 고민 좀 풀어주세요."

"왜? 상관이 없어? 고민하고 있으니 이렇게 고민에 대한 해답을 가지고 있을 것 같은 사람들도 찾아보는 것 아냐? 그러다 보면 언젠가 해답을 찾을 테고, 해답을 찾으면 실행하면 되는 것이고…… 그러면 사업도 잘 풀릴 테고, 뭐 그런 것 아니겠어?"

"선배님 말씀 듣고 보니까. 정말 그렇긴 하네요. 저 혼자 아무리 고민해도 답이 안 나오니까 이렇게 사업 선배님들 찾아뵙는 거죠. 그래도 아직까지는 모르겠고요."

"너 한복 사업 한다고 했지?"

"네, 그렇죠."

"그런데 왜 한복 사업을 하기 시작했냐?"

"그거야 가장 첫 번째 이유는 결혼할 때 모두 한복 한 벌씩은 맞추는 게 관례고, 평균 한 팀이 150만 원에서 200만 원의 매출을 올려주기 때문이죠. 게다가 대기업이 진출해 있는 시장도 아니고요."

"그래서 핵심이 뭐야? 틈새시장이었다 그거야?"

"네, 어느 정도 시장이 형성되어 있는 틈새시장이라고 생각한 거죠."

"그럼, 누가 한복을 가장 많이 구매하는지도 고민해 봤겠네?"

"물론이죠. 얘기했잖아요. 결혼할 때 한복 한 벌씩 맞추는 게 관례라고요. 선배님도 모르지 않잖아요. 결혼도 하셨으면서."

"그럼, 예비부부하고 가장 맞닿아 있는 접점은 뭔지 고민해 봤냐?"

"예? 예비부부의 접점이요?"

"그래. 뭐든 접점이 있어야 주고받는 것이 생기지. 고객은 비용을 지불하는 대신 상품이나 서비스를 받고, 사업가는 상품이나 서비스를 지불하고 돈을 받고…… 그런데 그 접점이 어디서 발생하는지 정확하게 파악해야지. 그리고 그 접점으로 다가가야 매출이 일어나지. 그런데 예비부부의 접점은 뭘까? 내가 생각할 때는 결혼식장 같은데?"

"결혼식장이요?"

"그래. 거의 대부분의 예비부부는 결혼식장에서 신혼부부가 되니까. 그런데 결혼식장과 제휴를 해서 한복을 팔 수는 없으니, 결혼식장에 예비부부를 소개해 주는 웨딩업체를 찾으면 되겠네."

"예? 웨딩업체를 찾다니요?"

"요즘 대부분의 예비부부들은 웨딩컨설팅업체에서 결혼식 준비를 한다고 하던데…… 그러니까 웨딩컨설팅업체와 업무 협의를 하면 되지. 그러니까 웨딩컨설팅업체와 업무 제휴를 해서 너는 웨딩컨설팅업체에 한복을 공급해 매출을 높이고, 웨딩컨설팅업체는 시중가보다 싸게 공급받은 한복을 예비부부에게 소개해서 소개비를 챙길 수 있고, 예비부부는 따로 한복을 구매하는 것보다 편하고 저렴하게 한복을 마련할 수 있겠지. 그러면 너도 웨딩컨설팅업체도 예비부부도 모두 좋은 조건이 되잖아. 그 방법을 실행할 웨딩컨설팅업체만 몇 군데 잡으면 안정적으로 진행될 것도 같은데?"

실제로 나는 그 다음 날부터 바로 제안서를 작성하기 시작했고, 여러 웨딩컨설팅업체를 만났다. 이미 많은 컨설팅업체가 이와 비슷한 방법으로 한복을 예비부부들에게 공급하고 있었다. 하지만 방법을 알고 나니 시간이 문제였다. 결국 신규 컨설팅업체 몇 곳과 기존 컨설팅업체와 제휴를 통해 윈윈 전략을 구사했다. 결국 3년 만에 매장을 3개까지 늘릴 수 있었다.

CHAPTER 04

창업 컨설팅 사례

10평의 사진관에서 길어 올린
성공 노하우
—

*행복한 사진관 : 동탄 소재

　　　　　　　　　　의뢰인은 사진관을 하기 전 동영
상 편집과 제작 관련 회사의 직원으로 3년간 재직했다. 영상과 관련
된 일에 관심이 많아 관련 회사에 취직했던 것. 자신만의 일을 하고
싶었지만 동영상 관련 회사를 직접 차리기에는 자본금이 너무 많이
들었다.

　평소 사진에도 관심이 많아 재직 중에도 사진 동호회 및 카페 등에
서 많이 활동을 했다. 평소 성실한 성격 덕분에 동호회 회원 중에서
사진관을 운영하는 분에게 좋은 인상을 심을 수 있었다. 덕분에 사진
을 잘 찍는 노하우는 물론 사진관 운영 노하우를 배울 수 있었다. 실
제로 동호회에서 출사를 나가는 날이 아닌 휴일이면 그 회원 분 사진
관에 가서 얘기하는 것은 물론 직접 구경하고 손님을 대하는 법도 배
웠다. 덕분에 어깨 너머로 궁금한 점들을 많이 터득할 수 있었다.

　1년 정도 배우고 도우면서 본격적으로 창업 준비를 했다. 가족사진
은 수요가 많이 줄었고, 베이비사진관은 수요는 많지만 대형화되는 추
세라서 접근하기가 쉽지 않았다.

이런 고민에 컨설팅을 요청했다. 의뢰인의 장점과 자본금 등을 파악한 후 매장이 작아도 운영 가능한 증명사진 전문관으로 창업을 조언했다. 증명사진은 예전에 비해 수요는 많이 줄었지만 그보다 더 전문 사진관이 많이 줄었다. 입지만 잘 선택한다면 충분히 성공 가능성이 있다고 판단한 것이 컨설팅의 핵심이었다.

사진을 전문적으로 찍는 작가라고 해도 사실 사진사는 특별한 노하우를 필요하지 않는다. 아무리 길어도 6개월 정도면 보통 사람들보다 잘 찍는 노하우를 터득할 수 있다. 게다가 증명사진관은 규모가 작아도 되기 때문에 진입장벽이 낮은 편이다. 따라서 경쟁자는 최소한이면서 수요는 많은 입지를 찾는 것이 가장 중요하다고 판단했다.

알맞은 입지를 찾기 위해 여권 발급처인 도청·시청·여권민원실, 주민등록증을 발급하는 동사무소, 운전면허증을 발급·갱신하는 운전면허시험장, 초·중·고등학교 밀집 지역, 중심 상가 지역 등 여러 곳을 알아봤다.

도청·시청·여권민원실·운전면허시험장 등은 이미 많은 사진관이 포진해 있었다. 게다가 여권민원실은 몇 년 후 여권 발급처에서 직접 사진을 찍어주는 시스템이 생긴다는 뉴스가 있었다. 따라서 이런 곳 근처에 사진관을 내면 얼마 있지도 않은 수요를 가지고 출혈 경쟁을 해야 할 것이 분명해 보였다.

중심 상가 지역이나 대형마트 등은 수요가 많았다. 그러나 이미 증명사진 전문관 등 사진관이 많았으며, 수요에 비해 가게 임대료 등 고정비용이 많이 발생했다. 어차피 증명사진만 취급하면 인건비가 들어갈 일이 거의 없다. 따라서 임대료로 많은 비용이 발생하면 그만큼 창업 초기에 더 많은 비용이 발생할 수밖에 없는 조건이었다.

초·중·고등학교 등 학교 주변은 임대료는 감당할 수준이었지만 연초에 학생들이 학생증 사진을 찍을 때 빼고는 거의 수요가 없다는 판단이었다. 마지막으로 알아본 곳은 동사무소 근처였다. 동사무소는 대게 주민들의 편의를 위해 중심 상가와 아파트 밀집 지역 근처에 자리 잡고 있다. 그러나 오래전에 형성된 지역에는 이미 오랫동안 운영해 온 토박이 사진관들이 있었다. 따라서 출퇴근은 조금 힘들지만 집에서 차로 15분 정도 떨어진 신도시를 물색하기로 했다.

신도시가 처음 생길 때는 분양가를 높이기 위해 임대료도 높게 책정되지만 3년에서 5년 정도 지나면 임대료도 현실적이 된다는 말을 들은 적이 있어 희망이 있었다. 집 근처에 동탄 신도시가 있어 적당한 곳을 물색했다. 그러나 동사무소 근처도 대부분 임대료가 높았다. 따라서 중심상가에서 조금 떨어져 있지만 임대료가 낮은 곳을 선택했다. 권리금은 약 1500만 원 정도였다. 권리금이 있다는 것은 어느 정도 장사가 되고 있거나 유동인구가 있다는 뜻이다. 이 정도 권리금은 감안하고 있었기 때문에 점포를 계약하기로 했다.

계약 이후 가장 신경 쓴 것은 인테리어다. 역사가 있는 기존 사진관들은 벽에 수많은 사진들이 붙어 있다. 이런 것이 모던한 분위기에 맞지 않다고 판단했다. 게다가 사진을 인화하기 위한 약품 냄새는 물론이며 사진관의 전체적인 분위기가 어두운 것은 단점이었다.

따라서 기존 사진관하고 정반대의 인테리어를 고려했다. 우선 밝아야 하며 벽은 모던하고 깨끗해야 했다. 사진 인화 약품 냄새가 아니라 자동방향제로 항상 좋은 냄새가 날 수 있도록 했다. 상품, 즉 사진으로 차별성을 크게 낼 수 없다. 어디서 찍던 증명사진은 사실 비슷비슷하다. 따라서 상품보다 인테리어에 차별성을 두기로 한 것이다.

자영업 초기에는 홍보가 되지 않아 매출은 거의 없고 비용만 발생한다. 사진관도 마찬가지다. 그러나 깔끔한 인테리어와 함께 좋은 서비스를 제공하니 예상보다 많은 사람들이 찾았다. 요컨대 증명사진 수요가 많이 없을 것이라 생각했다. 그러나 한 번 사진을 찍고 갔던 손님들이 재방문하는 경우가 상당히 많았다. 남편이 찍고 가면 아내나 아이들을 데리고 와서 찍는 경우가 상당히 많았던 것이다. 게다가 증명사진이나 여권사진의 수요는 예상보다 많았다. 덕분에 5월에 오픈을 했고 늦여름부터 자리를 잡기 시작했다.

사진관 오픈이 처음이었기 때문에 경쟁 사진관들보다 경험이 많지 않은 것이 사실이었다. 때문에 촬영에 많은 신경을 썼다. 요즘은 증명사진도 디지털카메라로 찍기 때문에 그 자리에서 고객에게 확인하고 고객이 마음에 들지 않는다면 재촬영도 수없이 했다. 보정도 고객이 만족할 수 있도록 최대한 신경 썼다.

증명사진은 사실 찍을 일이 많지 않다. 때문에 가격을 놓고 푸념을 하는 고객들이 심심치 않게 등장한다. 이런 분들에게 왜 그 정도의 가격을 받을 수밖에 없는지 기분 상하지 않게 잘 설득하고 최대한 친절하게 대했다.

이런 일을 반복하니 오픈 다음 해에 이변이 발생했다. 2월 말부터 학생들이 학생증 사진을 찍으러 한두 명씩 찾아왔다. 3월 2일부터는 줄을 서서 들어오기 시작했다. 아침부터 저녁까지 쉬지 않고 셔터를 눌렀다. 사진관은 학생들은 물론 엄마들까지 가득 차 번호표를 나눠

줘야 할 정도였다. 그렇게 일주일 정도 정신없이 하루를 보냈다. 매출만 1500만 원을 훌쩍 넘겼다. 혼자 운영하는 사진관이고 임대료를 제외하면 거의 들어가는 것이 없기 때문에 매출의 대부분은 수입으로 기록된다. 기존 사진관에서 찾을 수 없었던 깔끔한 인테리어와 사진관 운영 경험이 많지 않아 최대한 고객의 입장에서 친절하게 대한 것이 성공 포인트가 된 것이다.

사진관을 운영하면서 느낀 몇 가지 성공 포인트가 있다. 그 첫 번째는 사진 가격을 책정하는 노하우다. 다른 사진관들과 경쟁하기 위해 너무 낮게 책정하면 고객은 좋을지 몰라도 다른 사진관을 운영하는 사람들에게는 원성을 듣게 된다. 이러면 소문이 금방 퍼지는 동네 장사에서는 이상한 소문이 돌기도 한다. 따라서 가격은 다른 사진관들과 비슷하게 책정해 동네 사진관 이미지를 유지해야 한다. 대신 더 친절하고 살갑게 대해 고객과 친밀감을 높여야 한다.

두 번째는 소량 인화를 반드시 해야 한다는 점이다. 요즘은 사진 인화 서비스가 매출에 별로 영향을 미치지 않는다. 대량으로 인화할 경우, 저렴한 인터넷 업체를 찾는다. 유치원이나 학교에 제출하는 사진만 동네 사진관 인화서비스를 찾는다. 따라서 소량 인화를 하면 일만 늘어날 뿐 당장 돈은 되지 않는 것이 사실이다. 그러나 소량의 사진을 인화하는 사람들은 돈을 지불하면서도 미안한 마음을 갖는다. 이런 손님을 놓치지 않고 친절하게 대하면 다시 찾아오게 된다.

세 번째는 사진관 분위기를 밝게 하는 것이다. 증명사진을 찍을 때 대부분의 사람들은 얼굴만 웃고 있다. 웃긴 웃어야 하는데 혼자 멋쩍게 웃기가 매우 어색한 것이다. 분위기가 어두워지면 손님들 또한 어색해지고 조용해진다. 이런 분위기를 밝게 바꾸기 위해 인테리어는 물론 음악도 유행하는 노래를 틀고 신나는 분위기로 만들었다. 그러면 고객들의 표정도 밝아진다. 고객의 표정이 밝아지니 사진도 자연스럽게 잘 나오게 된다. 자연스럽게 사진을 잘 찍는 사진관으로 소문나게 되며 고객들도 동네 슈퍼 드나들듯 자주 찾아오게 된다.

네 번째는 학생이나 노약자들에게 특별 할인을 진행하는 것이다. 동네에 기여하는 업소라고 소문나게 되며 자연스럽게 이미지도 좋아진다. 저렴하게 찍은 학생은 부모에게, 노인은 자녀들에게 소문내는 것은 당연히 따라오는 효과다.

마지막으로 인터넷 블로그나 카페를 충분히 이용하는 것이다. 요즘은 지역 커뮤니티가 정말 활성화되어 있다. 사진관과 같은 생활 밀접형 업종은 지역 커뮤니티에 가입해 홍보를 하면 많은 도움이 된다.

행복한 사진관의 감각적인 내부 인테리어

행복한 사진관의 전경

—

주유비 아끼던 영업사원의 성공기,
지금 하는 일을 즐겨라

—

*에이씨케이㈜ : www.ackkorea.com

현재 30억 원의 매출을 올리는 기업이 있다. 친환경 트렌드에 맞춰 급성장하고 있다. 에이씨케이라는 주식회사다. 이 회사 대표 백남현 씨의 전공은 화학 등 친환경과 관련된 학과가 아닌 토목과다. 대학도 그다지 좋은 곳은 아니다. 그러나 욕실이나 소품 관련 친환경 제품에서는 내로라하는 전문가다. 그는 어떻게 해야 장사를 넘어 사업에서 성공하는지 보여주는 본보기와 같다.

2002년 한일월드컵 때 말년 병장 휴가를 나와 소규모 회사에 면접을 봤다. 회사 면접에 대한 개념이 없어 아르바이트 면접하는 것처럼 트레이닝복에 모자까지 썼었다. 당연히 연락이 올 리 만무했다. 군대 전역 후 이삿짐센터에서 아르바이트를 하고 있는데, 휴가 당시 면접 봤던 회사에서 연락이 왔다. 역시 너무 어릴 때라서 별 고민 없이 정직원이라는 말에 이삿짐센터를 관두고 새로 일을 시작했다.

일은 방향제를 렌탈하고 한 달에 한 번씩 재방문해 새로운 방향제로 교체하는 일이었다. 당시 방향제 렌탈 사업을 하는 업체는 거의 없었으며, 방향제를 자동 분사기로 분사해 24시간 향을 맡을 수 있다는 개념도 새로웠다.

의뢰인은 다시 이 회사에서 영업을 시작했다. 차에 방향제와 분사기를 잔뜩 싣고 나가 아무 사무실이나 들어가 영업했다. 잡상인 취급을 받은 적이 한두 번이 아니었다. 그러나 학벌이 좋지 않아 선택할 수 있는 업종이 많지 않았다. 때문에 천직으로 생각하고 열심히 일했다. 다행인 것은 당시 거의 독점적인 회사라 주 거래 은행에서 주 2회 회사를 직접 방문해 부대 자루에 수금된 현금을 잔뜩 실어가는 모습을 봤다는 것이다. 그 모습을 보면서 언젠가 꼭 이런 회사의 사장이 되겠다고 다짐했다고 한다.

나이가 어리긴 했지만 항상 시간을 아껴가며 영업을 했다. 상품 내용이 복잡하지 않아 누가 더 많은 곳을 방문하느냐의 싸움이었다. 의뢰인은 항상 1, 2등을 다퉜다. 덕분에 인센티브로 적지 않은 임금을 수령할 수 있었다.

그렇게 6개월 정도 지나자 경기도 소재의 집 근처에 지사를 오픈한다는 소식을 들었다. 다행히 오픈을 준비하는 지사장이 먼저 더 높은 기본급으로 스카우트를 제안했다. 출퇴근 시간을 아껴 영업하면 더 많은 인센티브를 받을 수 있을 것이라는 계산으로 곧바로 수락했다.

출퇴근 시간은 5분이 채 걸리지 않았다. 출퇴근 시간만 아껴도 기존보다 2~3시간은 더 일할 수 있었다. 당시 20대 중반이었던 그는 주유비를 아끼기 위해 10킬로미터 이상의 거리는 차가 아닌 행거를 끌고 다니며 영업을 하곤 했다. 물론 더 많은 급여를 수령할 수 있었지만 한 가지 단점이 있었다. 오랫동안 살아왔던 집 근처라는 점이다. 지인들은 허드렛일을 한다고 얕잡아 보기 일쑤였다. 하지만 결론부터 말하면, 이때 얕잡아 봤던 사람들 대부분은 생활이나 생각 차이가 너무 많아 만날 일이 거의 없을 것이라고 치부했다고 한다.

그는 당시 웬만한 대기업 직장인보다 더 많은 월급을 수령하고 있었지만 마음 한구석에서 조금씩 불안감이 생겼다. 회사에 발전이 없어 언제까지 단순 방향제가 잘 팔릴 것이라는 생각이 들지 않았다. 때문에 당시 모시던 대표에게 직접 방향제 등 신상품을 만들고 홈페이지도 제작하는 등 새로운 회사를 만들자고 제안했다. 그렇게 몇 개월이 지나자 지사장은 사무실을 아예 인수하는 조건을 제시했다.

의뢰인은 창업 결심이 확고했다. 창업 직후 수익이 나는 아이템도 있었다. 그러나 창업 후 수익 발생 아이템을 더 늘리기 위해서 어떤 것을 해야 할 것인지 의뢰해 왔다.

기존 방향제를 교체하려면 반드시 거래처인 사무실을 방문해야 한다. 따라서 회사를 설립하고 단지 방향제만 교체하면 안 된다고 판단했다. 사무실은 고정적으로 필요한 게 많다. 문구류는 물론이며 화장지나 타월, 냅킨, 종이컵 등이다. 관련 상품들을 함께 판매하면 기존 거래처에서 더 많은 매출이 발생한다는 점을 조언했다. 게다가 그때는 친환경이라는 개념이 막 싹트고 있을 때라서, 더 좋은 상품을 더 깨끗하게 만들어 판매하면 승산이 있을 것이라는 말도 덧붙였다.

이에이씨케이는 처음부터 사무실에서 사용하는 소모품 관련 상품들을 개발했다. 또한 모든 상품은 본사에서부터 납품받는 조건으로 지사도 모집했다. 영업사원도 늘렸다. 거래처 수가 증가해 외주에서 수요를 감당할 수 없게 되자 직접 제조를 하기 시작했다.

어느 정도 수익이 발생하고 현금이 돌기 시작하자 본격적으로 다양한 친환경 제품들을 연구하기 시작했다. 관련 연구 전담부서를 세운 것이다. 덕분에 벤처기업 인증 및 ISO 9001품질경영시스템, ISO 14001환경경영시스템 등의 인증을 받는 등 인정을 받기 시작했다. 현재는 여러 종류의 방향제는 물론 탈취제, 거품비누, 물비누, 손소독액, 세정제 등 사무실에서 사용 가능한 친환경 제품들을 다양하게 제조, 판매하고 있다.

의뢰인이 성공의 길로 접어들 수 있었던 것은 우연한 기회에 트렌드에 앞선 방향제 회사의 영업사원의 길을 들어선 덕분이다. 단지 회사원으로 시작했으면 일의 재미도 느끼지 못했을 것이며, 기회가 왔을 때 지사를 인수하지도 못했을 것이다.

두 번째는 방향제 등 취급하는 제품의 진입장벽이 크게 높지 않았다는 점이다. 현재는 세균을 빠르게 없애고 더 좋은 느낌이 지속되며 향기도 나는 등 까다로운 공정을 거친다. 그러나 초기에는 제품을 개발하는 게 크게 어렵지 않았다. 다만 대기업 등 거대 자본이 진입하기에는 볼품없는 곳인 욕실이나 화장실에서 주로 쓰이는 제품이기 때문에 사업 가능성이 높을 것이라고 판단한 사람도 많지 않았으며 수익이 좋을 것이라 생각한 사람도 없었다. 즉, 초기에는 경쟁자가 많지 않았다.

세 번째는 직접 판매 제품을 제조하고 싶다는 꿈을 가졌다는 점이다. 덕분에 끊임없이 관련 시장과 상품에 대해 연구할 수 있었다.

좋은 대학을 나온 소위 똑똑한 사람들은 보기 좋은 곳에서 자기들끼리 경쟁한다. 예를 들어 금융업이나 의사, 변호사 등이다. 범인이라면 이런 곳에서 군이 경쟁할 필요가 없다. 평범한 사람들이 경쟁하는 곳에서 조금 더 특별한 생각으로 한발 나아간다면 충분히 경쟁우위

향기 나는 기업 에이씨케이㈜

지솔 세트

를 점할 수 있다. 거대 금융기업의 화장실에도 방향제는 쓴다.

지금 자신의 일을 끈질기게 즐길 수 있다면 그 어떤 일을 하든 충분히 성공 가능성이 있다.

임신을 계기로
팥쥐핫팩 아이템을 잡다

*팥쥐핫팩 : http://patg.co.kr

웹디자이너로 10년 넘게 일해 온 우현미 씨는 직장을 다니면서도 배우는 것을 좋아했다. 그렇게 배운 것만 한국문화재보호재단 주관의 '한국전통공예건축학교 자수보자기반', '전통문화상품개발과정', '국립중앙박물관 자수보자기 연구반과정'을 수강했고, 또 민화에도 관심이 있어 '홍익대학교 미술디자인교육원 미술실기과정 민화전공'도 배웠다. 이런 과정들은 배우는 데 들어가는 비용도 높았다. 그나마 저렴하게 배운 건 재봉이었다. 그러나 가장 저렴하게 배운 게 현재 창업 성공으로 이끈 가장 큰 힘이 되었다.

지금의 팥쥐핫팩을 창업한 계기는 임신 덕분이었다. 결혼은 일찍 했지만 임신이 잘되지 않았다. 때문에 직장을 관뒀다. 시간이 많이 남아 집에서 소일거리로 돌잔치 답례품 쇼핑몰을 만들어보기도 했고 규방공예 상품을 만들어 판매할 생각도 했다. 그러나 수익과는 거리가 멀어 얼마 진행하지 못했다.

결혼 6년 만인 35살에 임신을 했다. 힘들게 임신을 했고 나이도 적지 않았기 때문에 임신 초기에는 입원도 두 번이나 하며 거의 집에 누위 있었다. 임신이 되기 전 한의원 치료도 받았다. 배를 따뜻하게 하는 게 좋다며 쑥뜸도 뜨고 임신 관련 책을 보다 팥찜질팩을 알게 되어 그걸로 배도 따뜻하게 찜질하기도 했다. 항상 몸이 찬 편이었는데, 온기가 도는 기운이 느껴졌다.

출산 이후에도 산후풍인지 어깨가 시렸다. 때문에 찜질팩을 검색해 봤더니 수많은 상품이 나왔다. 그런데 너무 많아 선택하기가 쉽지 않았고, 대부분은 전기나 온수매트로 찜질하는 것이라 전자파가 걱정되었다.

자료를 찾아보니 산후풍으로 어깨가 시릴 때 시린 부분을 따뜻하게 찜질하면 괜찮아진다고 하여 직접 팥찜질팩을 만들어 찜질했더니 다행히 좋아졌다. 팥은 매년 시댁에서 직접 농사지은 팥을 보내줘서 밥에 넣어 먹거나 팥죽을 만들기도 했지만 너무 양이 많아 팥 처치가 곤란하기도 했다.

처음 만든 팥찜질팩은 아주 간단하게 만들었다. 광목으로 대충 박음질을 한 것이 전부였다. 따뜻한 팥의 열기가 온몸으로 부드럽게 스며드는 것 같았고 몸이 가벼워진 듯했다. 혼자 쓰기 너무 아쉬워 무릎으로 고생하시는 시어머니께 만들어 보내드렸더니 "네가 보내준 팥찜질팩 덕분에 잠든다"며 좋아하셨다. 사실 어머님도 무릎이 쑤셔 힘들어 했다.

창업 아이템으로 팥찜질팩을 선택한 것은 우연이었다. 아이 백일잔치에 축하해 주러 온 친구들이 너무 좋다며 만들어 달라고 부탁했다. 게다가 가장 친한 친구는 지금까지 만들어 본 것 중에서 가장 상품성이 높다는 얘기도 했다.

아이를 낳고 계속 놀 성격도 아니었고, 상품성도 있다는 얘기를 들으니 창업에 대한 자신감이 생겼다. 게다가 친구들에게 소문을 들은 주변 사람들까지 가격을 지불할 테니 팥찜질팩을 만들어 달라고 성화였다.

우선 아이템은 정해졌지만 해야 할 것이 한두 개가 아니었다. 온라인에서 판매를 결심하고 네이밍을 고려했다. '팥'을 쉽게 알리면서도 친숙한 이름을 찾기 위해 고심했다. 그때 예전 '콩쥐팥쥐' 이야기가 떠올랐다. 덕분에 '팥쥐핫팩'이라는 친숙하면서 팥이 강조된 네이밍을 정할 수 있었다.

처음부터 잘된 것은 아니었다. 지인들의 요청이 어느 정도 끝났기 때문이다. 게다가 지인이기 때문에 값을 제대로 받을 수도 없었다. 창업 상담을 통해 나를 만났고, 마케팅과 상품을 조금 더 대량 생산할 수 있는 시스템을 갖춰야 한다고 조언해 주었다.

인터넷 커뮤니티 등에 지인들의 사용 소감을 올리자 조금씩 입소문을 타기 시작했다. 그리고 얼마 지나지 않아 더욱 많은 상품을 생산해야 할 정도가 되었다. 대학 동기 중 한 명이 의류 제조업에 종사하고 있어, 제휴도 할 수 있었다.

팥쥐핫팩의 성공 요인 1순위는 지인들의 입소문이었다. 이미 몇몇 분들이 사용해 본 덕분에 지역 커뮤니티에 글을 올렸을 때 가감 없는 사용자 소감을 다른 사람들이 볼 수 있었다. 2순위는 '팥' 덕분이다. 임산부는 물론이며 요즘 사람들은 자연친화적인 생산품을 좋아한다. 팥찜질팩은 사용이 편리하다. 그러면서도 자연친화적인 '팥'의 열로 찜질이 가능하기 때문에 누구나 편하게 선택할 수 있었다. 또한 일회용

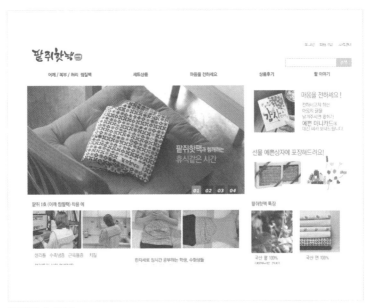

팥쥐핫팩 홈페이지

국내산 팥 100% 국내산 면 100%의 천연팥찜질팩

보다 장기적으로 사용할 수도 있었다.

세 번째는 수익성을 높이는 마케팅과 생산력이었다. 지인들이 많이 활동하는 지역 커뮤니티부터 상품을 올렸고, 어느 정도 입소문을 탄 후에 온라인쇼핑몰에서 판매를 시작했다. 이미 사용해 본 사람들의 입소문이 지닌 위력에 대한 조언을 들었기 때문에 가능했다. 아울러 혼자서는 도저히 생산할 수 없는 물량을 의류제조업체와 협력해 대량 생산이 가능했다. 덕분에 합리적인 가격에 많은 물량을 공급할 수 있는 시스템을 갖췄다.

—

쪽박인 입지를
대박으로 키운 힘

—

*고구려짬뽕10101 : http://www.goguryeofood.com

창업자인 지진실 씨가 중국집과
연을 맺은 것은 20살 때였다. 당시 집 근처 중국집에서 아르바이트를
했다. 처음에는 짧게 할 예정이었지만 직원들과 친분이 쌓이고 사장님
과 신뢰가 깊어지면서 요식업에 재미를 붙였다. 그렇게 몇 년 일을 하
다가 사장님의 도움으로 직접 창업을 해보기도 했다. 그러나 첫 술에
배부른 일은 일어나지 않았다. 쫄딱 망해 버린 것이다.

실패 원인을 곰곰이 생각하다가 더 이상 배달은 하지 않기로 마음
먹었다. 배달은 고객을 찾아가야 한다. 그러나 배달을 하지 않으면 고
객이 직접 찾아온다. 배달에는 많은 인건비가 발생한다. 만약 같은 가
격에 판매를 한다면 홀에서만 음식을 대접하는 게 이익 면에서도 도
움이 된다.

이렇게 결정하고 입지를 보러 다녔다. 손님이 찾아올 수 있게 하려
면 동네 중국집과 입지는 물론, 모든 것들이 달라야 한다고 생각했다.
이런 결정을 하고 돌아다니는데 우연히 허허벌판에 '현 위치 임대'라
는 현수막을 발견했다. 조건은 괜찮았다. 보증금만 걸면 건물을 지어

준다는 조건이었다. 다시 말해 권리금도 없으며, 건물도 원하는 모양대로 지을 수 있어 인테리어 비용도 절약할 수 있었다. 다만 무조건 좋은 것은 아니었다. 주변이 말 그대로 황무지였다. 멀지 않은 곳에 공장들이 있었지만 저녁 6시 이후면 온 동네가 쥐 죽은 듯 조용했다.

비용을 아낄 수 있다는 장점보다 손님을 끌 수 없다는 단점이 더 크게 보였다. 부동산에서도 결코 좋은 입지가 아니라고 말렸다. 하지만 이상하게 좋은 조건만 보였다. 예전 사장님께 입지를 보여드리니 "여기다! 대박이 날 수 있는 자리다!"라고 했다. 그래도 불안감이 완전히 해소되지 않았다. 이때 나에게 조언을 요청했다. 음식으로 승부할 수 있으면 정말 좋은 자리라는 조언을 해주었다. 즉, 점심은 주변 공장에서 사람들 덕분에 어느 정도 매출이 확보된다. 또한 낚시터도 세 개나 있었다. 아울러 멀지 않은 곳에 대단지 아파트와 학교도 있었다. 주말에도 고객을 불러들일 수 있는 자리였다.

건물 30평, 주차장 60평으로 임대 계약을 했다. 그러나 처음에는 예상처럼 잘된 것이 아니었다. 공장 직원들의 점심 매출은 생각보다 높지 않았다. 주말에도 생각처럼 고객들이 오지 않았다. 음식에는 자신이 있었지만 음식을 맛보려는 사람조차 없었던 것이다. 때문에 처음에는 신문 사이에 전단지를 넣어서 돌려보기도 했고, 가게 앞 신호등에서 대기하는 차량들이 볼 수 있게 수타면을 치는 퍼포먼스를 해보기도 했다. 소수의 손님들이라도 오면, 과시용으로 더 큰 소리로 수타면을 치기도 했다. 그래도 5개월 동안은 매출이 늘지 않았다. 겨우겨우 현상 유지를 하는 수준이었다. 때문에 배달을 해보자는 의견, 우스꽝스러운 동물 탈을 쓰고 홍보를 해보자는 직원들의 의견도 있었다.

더 이상 기다리기 지칠 무렵, 믿기지 않은 일이 벌어졌다. 고객들이 점차 늘어나는 것이었다. 그것도 폭발적으로 증가했다. 겨울에서 봄으로 계절이 바뀌고 외출하기 좋은 날씨가 되자 공장 직원들이 가족을 데리고 외식하러 나오기 시작한 것이다. 동시에 낚시하러 왔던 사람들도 가족과 함께 방문했다.

아파트 단지에서도 입소문이 나기 시작했다. 자장면 등 중화요리는 배달 시켜 먹는 음식이라고만 생각했던 사람들이 직접 따뜻하다 못해 뜨거운 수타 자장면을 먹어보더니 그 맛에 반한 것이다. 게다가 차로 10분 정도 떨어져 있는 곳이었기 때문에 살짝 교외로 나와 소풍 분위기까지 낼 수 있었다.

갑자기 고객들이 몰리자 매출도 급증하기 시작했다. 이렇게 매출이 증가하자 불미스러운 일도 생겼다. 어느 곳에서 신고했는지는 몰라도 민원이 속출하고 시청에 불려 다니는 신세가 된 것이다. 그런데도 웃음이 떠나질 않았다. 위생 상태도 좋았으며 법적으로 문제될 만한 것도 없었다. 아마 근처 아파트 단지에 있는 경쟁 요식업에서 질투를 한 모양이라고 생각했다.

점차 민원도 줄어들고 시청 갈 일도 없어졌다. 반면 고객은 더욱 많아졌다. 그리고 얼마 지나지 않아 줄을 서기 시작했다. 주말은 물론 평일에도 점심에는 11시부터 2시까지는 번호표를 나눠줘야 할 정도였다. 고객들이 많아지자 대량 구매가 가능해 양도 더 늘렸다. 그러자 이미 다녀갔던 고객들이 후기를 블로그나 지역 커뮤니티 카페 등에 올리기 시작했다. 매출이 더욱 증가하는 선순환 구조가 생긴 것이다.

고구려짬뽕10101이 성공한 첫 번째 이유는 입지 때문이라고 생각한다. 건물 자체를 특화해서 지을 수 있었다. 게다가 주변에 건물이 없는 곳이었기 때문에 가족 단위 고객들이 편하게 올 수 있도록 넓은 주차장을 마련할 수 있었다. 특화된 건물·인테리어와 함께 주차장이 성공의 열쇠였다. 덕분에 공장, 낚시터 그리고 근처 아파트 주민들까지 흡수할 수 있었다.

두 번째가 음식의 맛이다. 20살 때부터 사장님으로 모시고 있던 스승님께서도 맛있는 음식을 추구했다. 요식업의 기본은 음식의 맛이라는 철학 때문이다. 처음에 다소 불리한 입지를 극복할 수 있었던 것은 바로 음식의 맛이다. 사실 많은 요식업 사장들은 음식값 중에서 재료비가 30%를 넘으면 안 된다고 한다. 그러나 고객들은 어떤 재료를 얼마나 썼는지 즉시 안다. 음식 장사로 성공하려면 재료비는 50% 정도 되어야 한다. 재료비로 50%를 쓰면 남는 게 없을 것 같지만 매출이 증가하면 박리다매 전략으로 더 많은 고객들이 찾아오는 대박집이 될 수 있다.

마지막으로 친절함이다. 간혹 지나가다가 끼니때를 놓친 1인 고객들도 찾아온다. 처음에는 본인도 쑥스러운 듯, 한 그릇도 되냐고 되묻는다. 보통 2인분부터 주문을 받는 곳이 많기 때문일 것이다. 그런데 이런 사람들을 반찬이 부족하지는 않은지, 앉은 자리가 불편하지는 않는지 물어보며 더 신경 써야 한다. 그러면 나중에 "오늘은 단체로 왔어요!" 하면서 다른 고객들을 불러 모은다.

요컨대 그가 중화요리를 운영하면서 깨달은 노하우를 한마디로 표현하면, 음식은 입으로만 먹는 것이 아니라는 점이다. 차를 주차하면서 편의성을 먹고, 건물로 들어오면서 눈으로 맛본다. 그리고 진짜 음식을 먹고 돌아가면서 정을 음미하는 것이다. 이 세 박자가 모두 갖춰져야 요식업에서 성공할 수 있다.

고구려짬뽕집 전경

불짬뽕 호호

취미가
사업이 되다

*더 설레임 : www.theseolreim.com / 드라쎄 : www.derace.kr

창업자 이재윤 씨는 어렸을 때부터 집을 꾸미는 것에 관심이 많았다. 초등학교 저학년 때부터 아기자기한 소품으로 벽면을 꾸미기도 했고, 어디서 힘이 났는지 직접 가구를 옮겨 부모님을 깜짝 놀라게 하기도 했다. 한번은 천정까지 꽉 차는 장롱이 너무나 답답하고 집도 좁아 보여서 아빠를 졸라 윗부분을 톱으로 잘라내기도 했다. 지금이야 키 낮은 장도 있지만 그 당시에는 어처구니없는 일이었다. 어쩌면 지금 인테리어소품 사업을 하고 있는 것은 집 꾸미기 좋아했던, 어쩌면 집 망치기를 서슴지 않았던 그녀를 묵묵히 응원해 주신 부모님 덕분일지도 모른다.

결혼을 하면서 20평 이내의 아파트를 보러 다녔다. 이때 그녀의 가장 큰 기준은 오래되어 인테리어를 할 수밖에 없는 물건이었다. 원하는 대로 집을 꾸미고 싶었기 때문이다. 시세보다 저렴하면서, 그 차액으로 인테리어 감각을 살릴 수 있는 곳을 찾았다.

다행히 15년도 더 된 아파트 중 한 곳이 눈에 들어왔고, 인테리어를 하기 위해 수십 번도 더 방산시장을 찾았다. 몇 년 후 아이가 크면서

20평대 중반으로 이사를 갔다. 이때 인테리어의 모든 부분을 그녀가 하고 싶은 대로 할 수 있었다. 이미 남편도 그녀의 감각을 인정해 주기도 했다.

생각보다 집 인테리어가 잘됐다. 집들이에 온 친구는 물론 어른들도 매번 집이 너무 예쁘다고 칭찬이었다. 전체적인 인테리어가 마음에 들자 아기자기한 인테리어 소품에도 눈길이 갔다. 평소 지역 커뮤니티와 블로그에 육아와 일상을 올리고 있었다. 그런데 한번은 정말 마음에 드는 인테리어 소품을 올리자 수많은 댓글이 달렸다. '어디서 살 수 있나요?', '공동구매 가능한가요?', '얼마예요?' 등이었다.

이런 얘기를 듣자 더 열심히 소품들을 촬영해 올리기 시작했다. 그리고 구매를 원하는 사람에게 직접 사다 주기도 했다. 인테리어 소품을 보러 다니는 것 자체가 좋았기 때문이다. 원래 가격에서 차비 정도만 받을 수 있다면 기분 좋은 시간을 보낼 수 있었다.

블로그를 통해 주문이 들어오면 남는 장사가 아니었기 때문에 슈퍼에서 얻어온 라면 박스로 포장을 하고 파손되지 않게 신문지를 구겨 넣고 배송하기도 했다. 지금 생각해 보면 정말 어설펐다. 그런데도 구매 요청이 끊이지 않았다. 어쩌면 저렴함과 동시에 어설픔을 정으로 느꼈기 때문일 수도 있다.

그런데 취미로 하던 일이 점점 커지기 시작했다. 주문량이 점차 늘어나기 시작한 것이다. 최근에 올려놓은 제품은 물론이고 예전에 올려놓았던 것들까지 주문이 쏟아졌다. 결국 방 하나를 비워 창고로 쓸 정도가 됐다. 결국 더 이상 취미로 하기보다 아예 쇼핑몰을 내기로 했다. 쇼핑몰을 창업하면서도 경쟁이 별로 두렵지는 않았다. 초기 비용이 적게 들었고, 이미 단골 고객들이 어느 정도 확보되어 있었기 때문이다.

이미 유명해진 블로그를 중심으로 홍보가 되기 시작했다. 때문에 창업 후 2년은 한 번의 광고도 없이 꾸준히 성장할 수 있었다. 또한 기존까지 쇼핑몰들이 잘 해주지 않았던 반품 및 환불을 철저하게 해 준 것도 성공의 발판이 되었다.

쇼핑몰 창업 전에도 배송한 물건에 문제가 있다고 하면 손해를 보더라도 교환해 주곤 했다. 만약 자신이 그런 일을 당했다고 생각하면 역시 억울하다고 느꼈을 것이기 때문이다. 예를 들어 이불은 세탁을 하면 반품이나 환불이 안 된다. 그런데 이런 경우에도 오히려 사과를 하면서 환불해 주었다. 배송 전에 자신이 미처 발견하지 못한 실수라고 생각했다. 그런데 그때마다 고객들이 더 놀랐다. 다른 곳에서는 환불은커녕 반품도 안 됐기 때문이다. 하지만 한 번 이런 경험으로 신뢰도가 높아진 고객들은 결국 창업 후 쇼핑몰의 최대 고객이 된다. 일이 더 많아지자 일손이 부족했다. 결국 남편도 다니던 회사를 그만두고 쇼핑몰 운영을 같이하고 있다.

온라인 쇼핑몰의 최대 장점은 창업이 정말 쉽다는 것이다. 비용도 많이 들어가지 않는다. 그런데 창업이 정말 쉽다는 점이 단점이기도 하다. 게다가 거의 대부분 가격 경쟁만 한다. 더 저렴하고, 그보다 더 저렴한 곳을 찾는다. 때문에 대부분은 아무리 날을 새고 일을 해도 수익이 거의 나지 않는다. 단골을 만들기까지 적지 않은 시간이 걸리지만 그때까지 버티기도 쉽지 않다.

때문에 온라인 쇼핑몰은 창업 전에 이미 단골 고객을 확보해야 한다. 이재윤 씨 역시 블로그를 통해 많은 단골들을 이미 확보했다. 게다가 인테리어 소품을 판매하는 쇼핑몰이 별로 없었다는 점도 도움이 됐다. 자신이 좋아하는 것에서 틈새시장을 찾은 것이다.

더 설레임 홈페이지

더 설레임의 판매 제품들

최근 창업에 관심 있는 대학생들을 대상으로 강의할 일이 있었다. 다섯 손가락 안에 꼽히는 유수 대학이었다. 사회 경험이 상당한 성인들만을 대상으로 하다가 대학생들을 만나니 강의하는 나까지 젊어지는 것 같았다.

그러나 그런 기분도 잠시, 조금 수준 높은 강의를 진행하려던 나의 계획은 강의 시작 30분도 되지 않아 변경해야 했다. 끌려다니는 것이 아닌 이끌어 가는 삶을 살기 위해서는 어떻게 해야 하는지에 대해 설명했다. 결국 창업이 아닌 자기 계발에 대한 얘기로 강의를 마쳤다.

좋은 대학에서 창업에 관심 많은 학생들이라고 해도 대학생은 대학생일 뿐이었다. 냉혹한 창업 시장에 대해 거의 알지 못했다. 단지 학생들은 대부분 막연히 '실행력'이 높으면 창업 후 성공할 수 있을 것이라 믿었다. 반면 창업 후 성공의 핵심인 '자본력', '차별성', '경쟁우위'를 염두에 두는 학생은 거의 없었다. 한마디로 실망스러운 수준이었다.

그런데 이런 모습은 우리 성인들도 크게 다르지 않다. 창업은 피 튀기는 경쟁 시장에서 살아남겠다는 출사표와 같다. 일부 창업자는 살아남기 위해 잠을 거의 자지 않는다. 창업자가 불편할수록 소비자는 더 편안해진다. 더 좋은 서비스를 받을 수 있고 더 좋은 상품을 더 저렴하게 구매할 수 있다. 또 다른 창업자는 수많은 자본을 쏟아붓는다. 자본을 투입해 시장을 장악하지 못하면 엄청난 손실을 입는다는 것을 안다. 그래도 시장에서 승리하겠다는 확률에 베팅하는 것이다. 아울러 또 일부의 창업자는 남들이 전혀 시도해 보지 않은 새로운 것들을 만들어 낸다. 그 상품이 시장에서 좋은 반응을 보일지 아닐지는 알 수 없다. 때문에 계속 실패를 반복한다. 이 실패가 쌓이면 노하우가 된다. 노하우가 쌓이면 성공 가능성이 높아진다.

결국 모든 창업자들은 실패할 수도 있다는 두려움과, 성공할 수 있다는 가능성을 따져본 후 가능성이 두려움보다 높으면 창업을 시도해야 한다. 그러나 현실은, 대학생들과 별반 다르지 않다. 막연히 '실행력'을 믿는다. 남들보다 더 열심히 홍보하면, 남들보다 더 저렴하게 판매하면, 남들보다 더 좋은 품질을 제공하면 고객이 나를 알아줄 것이라 믿는다.

그러나 남들도 쉽게 흉내 낼 수 있는 것은 성공 조건이 되지 못한다. 차별성과 경쟁우위가 아니다. 잠시 고객이 찾아올 수는 있어도, 장기간 수익은 내지 못한다. 니보다 더 열심히 홍보하는 사람, 나보다 더 저렴하게 판매하는 사람, 나보다 더 좋은 품질을 제공하는 사람이 머지않아 등장한다.

영화를 두고 흔히 '종합 예술'이라고 한다. 스토리, 음악, 영상이 조합되어야 한다. 그냥 조합되는 것이 아니라 어느 하나라도 부족한 점 없이 조합되어야 한다. 창업도 종합 예술이다. 차별성, 경쟁우위, 자본력 모든 것이 조합되어야 한다. 여기에 마케팅에 대한 능력은 물론이며 세상 트렌드를 읽는 눈까지 갖춰야 한다.

한 명의 창업자는 이런 모든 것을 갖춰야 성공한다. 아니 사실은 망하지 않을 확률이 높아질 뿐이다. 지금 성공하고 있더라도 경쟁자가 늘어나면 언제든 손실을 보고 시장에서 물러나야 하는 게 창업 시장이다.

《손자병법》은 〈군형軍形〉 편에서 '승리하는 군대는 먼저 이기고 난 뒤에 싸우고, 패하는 군대는 먼저 전쟁부터 시작해 놓고 승리를 바란다'고 지적한다. 전쟁이 시작된 다음에 승리하려는 쪽이 패하기 마련이다.

창업도 마찬가지다. 미리 시장에 대한 조사를 끝내 놓고 나의 경쟁우위와 차별성 등 싸워서 이길 수 있는 무기들을 만들어 놓아야 한다. 이미 창업한 경쟁자들에게 이길 수 있는 방법을 모두 따져본 후 비로소 창업해야 한다. 전쟁도 창업도 이미 이길 수 있는 싸움을 해놓고 나중에 승리를 확인해야 하는 것이다.

이 책을 읽은 독자들이 창업 전에 혹은 지금이라도 어떻게 해야 경쟁자보다 앞설 수 있는지 고민했으면 한다. 물론 이 책을 읽었다는 이유로 성공하는 사람은 없을 것이다. 그러나 차별성과 경쟁우위에 대해 한 명이라도 고민을 하는 독자가 있다면 고민해서 책을 쓴 보람이 있을 것이다.

창업에 늦은 것이란 없다. 올바른 방향을 잡고 올바른 자세로 나아가면 좋은 결과가 따라오게 마련이다. 이 책이 그런 방향과 자세를 갖추는 데 도움이 되었기를 바란다.

눈 앞에 기회의 문이 열려 있다. 지금 창업 공부를 시작하라. 여러분의 건승을 기원한다.